TeMPO De PORTUGUÊS

ROSANA CORRÊA
- Licenciada em Letras pela Pontifícia Universidade Católica de São Paulo (PUC-SP)
- Especialista em Tecnologias Interativas Aplicadas à Educação pela PUC-SP
- Professora de Língua Portuguesa e formadora de professores

CÉLIA FAGUNDES ROVAI
- Licenciada em Letras pela Pontifícia Universidade Católica de São Paulo (PUC-SP)
- Professora e coordenadora de Língua Portuguesa

MARA SCORSAFAVA
- Licenciada em Língua e Literatura Portuguesas pela Pontifícia Universidade Católica de São Paulo (PUC-SP)
- Professora e coordenadora de Língua Portuguesa

COLEÇÃO TEMPO
LÍNGUA PORTUGUESA
4ª edição
São Paulo, 2019.

Editora do Brasil

Dados Internacionais de Catalogação na Publicação (CIP)
(Câmara Brasileira do Livro, SP, Brasil)

>   Corrêa, Rosana
>   Tempo de português 6 / Rosana Corrêa, Célia Fagundes Rovai, Mara Scorsafava. – 4. ed. – São Paulo: Editora do Brasil, 2019. – (Coleção tempo)
>
>   ISBN 978-85-10-07495-7 (aluno)
>   ISBN 978-85-10-07496-4 (professor)
>
>   1. Português (Ensino fundamental) I. Rovai, Célia Fagundes. II. Scorsafava, Mara. III. Título. IV. Série.
>
>   19-26420   CDD-372.6

Índices para catálogo sistemático:
1. Português: Ensino fundamental 372.6
Maria Alice Ferreira - Bibliotecária - CRB-8/7964

© Editora do Brasil S.A., 2019
Todos os direitos reservados

Direção-geral: Vicente Tortamano Avanso

Direção editorial: Felipe Ramos Poletti
Gerência editorial: Erika Caldin
Supervisão de arte e editoração: Cida Alves
Supervisão de revisão: Dora Helena Feres
Supervisão de iconografia: Léo Burgos
Supervisão de digital: Ethel Shuña Queiroz
Supervisão de controle de processos editoriais: Roseli Said
Supervisão de direitos autorais: Marilisa Bertolone Mendes

Supervisão editorial: Selma Corrêa
Coordenação pedagógica: Maria Cecília Mendes de Almeida
Edição: Simone D'Alevedo
Assistência editorial: Camila Grande, Jamila Nascimento e Gabriel Madeira
Apoio editorial: Patrícia Ruiz
Copidesque: Flávia Gonçalves, Martin Gonçalves e Ricardo Liberal
Revisão: Alexandra Resende, Elis Beletti e Rosani Andreani
Pesquisa iconográfica: Elena Molinari e Enio Lopes
Assistência de arte: Carla Del Matto
Design gráfico: Andrea Melo
Capa: Megalo Design
Imagem de capa: Tatiana Lubarino
Ilustrações: Bruna Ishihara, Ricardo Ventura, Rodrigo Arraya, Ronaldo Barata, Simone Matias e Simone Ziasch
Produção cartográfica: DAE (Departamento de Arte e Editoração) e Sonia Vaz
Coordenação de editoração eletrônica: Abdonildo José de Lima Santos
Editoração eletrônica: Select Editoração
Licenciamentos de textos: Paula Harue Tozaki
Controle de processos editoriais: Bruna Alves, Carlos Nunes, Rafael Machado e Stephanie Paparella

4ª edição, 2ª impressão, 2022
Impresso na Meltingcolor Gráfica e Editora Ltda.

Rua Conselheiro Nébias, 887
São Paulo, SP – CEP 01203-001
Fone: +55 11 3226-0211
www.editoradobrasil.com.br

Caro aluno,

Você está convidado a participar de nosso trabalho. É o convidado especial, com quem contamos para que nossa jornada seja completa.

Foi pensando em você que dedicamos nosso tempo, nossas experiências, nossos estudo e nossos ideais para preparar um itinerário – ao mesmo tempo desafiador e prazeroso – nesta busca do conhecimento.

Aqui esperam por você bons momentos de leitura, de reflexão e de experiência como produtor de texto para fazê-lo avançar na aprendizagem da Língua Portuguesa e também para ampliar sua capacidade, como ser humano, de expressar sua forma única de ver e sentir o mundo.

Conte com nosso apoio.

Abraços das autoras e de toda a equipe

SUMÁRIO

UNIDADE 1

A arte dos quadrinhos.......... 8

CAPÍTULO 1......................... 10

ANTES DE LER.......................... 10

LEITURA

As aventuras de Calvin e Haroldo,
de Bill Watterson (HQ)..................... 11

ESTUDO DO TEXTO...................... 12

O QUE APRENDEMOS COM O ESTUDO
DE História em quadrinhos............. 13

AQUI TEM MAIS Outros formatos,
outros espaços de ler....................... 14

ORALIDADE

Exposição oral – O universo
dos super-heróis 16

ESTUDO DA LÍNGUA

Língua e linguagem........................ 18

Linguagem verbal e linguagem não verbal....19

Língua... 20

ATIVIDADES 21

CAPÍTULO 2 22

LEITURA

Texto 1: Suriá, a garota do circo,
de Laerte (HQ).............................. 22

Texto 2: Suriá, a garota do circo,
de Laerte (HQ).............................. 22

ESTUDO DO TEXTO...................... 23

O QUE APRENDEMOS COM O ESTUDO
DE História em quadrinhos........... 24

DIÁLOGO

Vida no circo................................. 24

ESTUDO DA LÍNGUA

Substantivo.................................... 25

ATIVIDADES 29

ENTRELAÇANDO LINGUAGENS 31

PRODUÇÃO ESCRITA

HQ... 32

DICAS 33

UNIDADE 2

Quanta aventura!............... 34

CAPÍTULO 1.........................36

ANTES DE LER.......................... 36

LEITURA

O córrego do sumidouro, de Pedro
Cavalcanti (narrativa de aventura).............. 37

Sombras que avançam, de Pedro
Cavalcanti (narrativa de aventura)............... 38

Na trilha dos maias, de Pedro
Cavalcanti (narrativa de aventura)............... 39

ESTUDO DO TEXTO...................... 40

ENTRELAÇANDO LINGUAGENS 42

ESTUDO DA LÍNGUA

Adjetivo 43

ATIVIDADES 46

CAPÍTULO 2 49

LEITURA

Um pesadelo na floresta, de Arthur
Conan Doyle (romance de aventura)........... 49

ESTUDO DO TEXTO...................... 52

O QUE APRENDEMOS COM O ESTUDO
DE Narrativa de aventura............... 53

ESTUDO DA LÍNGUA

O substantivo e o adjetivo variam.................. 54

Variação do substantivo.................. 54

Gênero do substantivo.................... 55

Número do substantivo.................... 55

Grau do substantivo 56

Variação do adjetivo 57

Gênero do adjetivo......................... 58

Número do adjetivo......................... 58

Grau do adjetivo 59

ATIVIDADES 60

PRODUÇÃO ESCRITA

Narrativa de aventura com suspense............. 62

DICAS 63

UNIDADE 3
Notícias: jornalismo em ação............ 64

CAPÍTULO 1...66
ANTES DE LER...66
LEITURA
Nasa coloca em órbita nave 'caçadora' de exoplanetas, de Fábio de Castro (notícia) 67
ESTUDO DO TEXTO...70
ORALIDADE
Telejornal... 74
ENTRELAÇANDO LINGUAGENS 76
ESTUDO DA LÍNGUA
Pronomes pessoais e de tratamento................77
    Pronomes pessoais 78
    Pronomes de tratamento............................. 79
ATIVIDADES 80
AQUI TEM MAIS História do jornal..............82

CAPÍTULO 2 84
LEITURA
Fotógrafo amador flagra 'doninha' pegando carona em pica-pau, de Lia Girão (notícia).. 84
ESTUDO DO TEXTO...85
O QUE APRENDEMOS COM O ESTUDO DE Notícia.. 86
DIÁLOGO
A voz do cidadão... 87
ESTUDO DA LÍNGUA
Verbo: conjugação, flexões............................. 88
    Flexão de pessoa e número 89
    Flexão de tempo 89
    Flexão de modo 89
ATIVIDADES 90
DICAS 93
ATIVIDADES 95
PRODUÇÃO ESCRITA
Jornal mural... 96
CONSTRUIR UM MUNDO MELHOR
Reportagens espaciais 98

UNIDADE 4
As ciências e seus achados... 100

CAPÍTULO 1... 102
ANTES DE LER.. 102
LEITURA
Época de festas também para o Sol, de Roberto Pimentel (artigo de divulgação científica).....................................103
CURIOSO É... Festa para o solstício 104
ESTUDO DO TEXTO...105
CURIOSO É... Monumento de Stonehenge 107
O QUE APRENDEMOS COM O ESTUDO DE Artigo de divulgação científica.............107
ORALIDADE
Invenções de todos os tempos.......................108
AQUI TEM MAIS Ciência brasileira 109
ESTUDO DA LÍNGUA
Pronomes: possessivos, demonstrativos, indefinidos, interrogativos 110
    Pronomes possessivos 111
    Pronomes demonstrativos 112
    Pronomes indefinidos................................112
    Pronomes interrogativos............................113
ESTUDO DA LÍNGUA
Os pronomes e a coesão................................113
ATIVIDADES 115
AQUI TEM MAIS Experimento (Relógio de sol) 117

CAPÍTULO 2 118
LEITURA
Texto 1: *A história da internet de 1605 a 1989* (infográfico).............................118
ESTUDO DO TEXTO...119
AQUI TEM MAIS Códigos e redes 119
AQUI TEM MAIS A Guerra Fria.................... 120
Texto 2: *Laboratório natural das mudanças na Amazônia* (infográfico)..........121
ESTUDO DO TEXTO...122
O QUE APRENDEMOS COM O ESTUDO DE Infográfico..123
ESTUDO DA LÍNGUA
Artigo..124
ATIVIDADES 126
PRODUÇÃO ESCRITA
Infográfico..128
DICAS 129

UNIDADE 5

Poesia, poesia 130

CAPÍTULO 1 132

ANTES DE LER 132

LEITURA

Poema 1: *Urgente*,
de Sérgio Capparelli (poema) 133

ESTUDO DO TEXTO 134

CURIOSO É... Uma maravilha! 135

Poema 2: *Ah, essa chuva!*,
de Sérgio Capparelli (poema) 135

ESTUDO DO TEXTO 137

CURIOSO É... A chuva pode alterar
nosso humor? 138

ESTUDO DA LÍNGUA

Linguagem denotativa e
linguagem conotativa 139

ATIVIDADES 140

AQUI TEM MAIS Poemas visuais
e ciberpoemas 142

DICAS 143

ORALIDADE

Sarau 144

CAPÍTULO 2 146

LEITURA

Vento perdido, de Pedro Bandeira (poema) ... 146

ESTUDO DO TEXTO 147

**O QUE APRENDEMOS COM O ESTUDO
DE** Poema 147

ENTRELAÇANDO LINGUAGENS 148

PRODUÇÃO ESCRITA

Poema 149

ESCRITA EM FOCO

Acentuação gráfica: ditongos e hiatos 150

Acentuação gráfica dos hiatos 150

Acentuação gráfica dos ditongos 151

ATIVIDADES 151

CONSTRUIR UM MUNDO MELHOR

Imagens poéticas expressam
visões de mundo 152

UNIDADE 6

Histórias que o povo conta 154

CAPÍTULO 1 156

ANTES DE LER 156

LEITURA

*Pedro Malasartes e a sopa
de pedra*, de Ana Maria Machado
(conto de artimanha) 157

ESTUDO DO TEXTO 159

ENTRELAÇANDO LINGUAGENS 161

ESTUDO DA LÍNGUA

Variedades linguísticas I 164

Variedade geográfica 165

Variedade histórica 165

ATIVIDADES 166

CAPÍTULO 2 167

LEITURA

Tyll, o mestre das artes,
de Heloísa Prieto (conto popular) 167

ESTUDO DO TEXTO 168

**O QUE APRENDEMOS COM O ESTUDO
DE** Conto popular 169

DICAS 169

ESTUDO DA LÍNGUA

Variedades linguísticas II 170

Variedade sociocultural 170

ATIVIDADES 171

ORALIDADE

Contando um conto 172

ESCRITA EM FOCO

A letra **x** 173

ATIVIDADES 173

UNIDADE 7
Seus direitos e seus deveres 174

CAPÍTULO 1.......................... 176

ANTES DE LER.................................... 176

LEITURA
Estatuto da Criança e do
Adolescente – ECA (estatuto)...................... 177

ESTUDO DO TEXTO.............................. 179

AQUI TEM MAIS Estatutos 179

DIÁLOGO
Trabalho infantil.................................182

ORALIDADE
Apresentação oral de síntese de discussão...183

ESTUDO DA LÍNGUA
Verbo: modos de dizer 185

ATIVIDADES 186

CAPÍTULO 2 187

LEITURA
Guia do pedestre consciente,
da Prefeitura de Joinville (guia).....................187

ESTUDO DO TEXTO.............................. 193

**O QUE APRENDEMOS COM O ESTUDO
DE** Estatuto, código e guia.....................195

ENTRELAÇANDO LINGUAGENS 196

CURIOSO É... Como funcionam
as petições *on-line*?........................197

ESTUDO DA LÍNGUA
Frase, oração e período.............................198

ATIVIDADES 199

PRODUÇÃO ESCRITA
Estatuto.. 201

DICAS 202

ESCRITA EM FOCO
Acentuação: paroxítonas 202

ATIVIDADES 203

UNIDADE 8
Como escolher livros, filmes..................... 204

CAPÍTULO 1.......................................206

ANTES DE LER.................................... 206

LEITURA
*Malala transforma violência em
delicadeza no seu primeiro livro
infantil*, de Bruno Molinero
(resenha de livro)...207

ESTUDO DO TEXTO.............................. 209

**O QUE APRENDEMOS COM O ESTUDO
DE** Resenha...211

AQUI TEM MAIS Paquistão 211

ESTUDO DA LÍNGUA
Orações coordenadas.....................................212
    Conjunções coordenativas...........................213

ATIVIDADES 214

CAPÍTULO 2 215

LEITURA
*Quando é para fazer rir, 'Os Incríveis 2'
deita e rola por causa do pequeno Zezé*,
de Thales de Menezes
(resenha de filme) 215

ESTUDO DO TEXTO..............................217

**O QUE APRENDEMOS COM O ESTUDO
DE** Resenha...218

ENTRELAÇANDO LINGUAGENS 219

PRODUÇÃO ESCRITA
Resenha.. 220

DICAS 221

ESCRITA EM FOCO
Pontuação: efeitos de sentido.......................222

ATIVIDADES 223

REFERÊNCIAS 224

UNIDADE 1
A arte dos quadrinhos

NESTA UNIDADE
VOCÊ VAI:

- ler histórias em quadrinhos (HQs);
- estudar os recursos expressivos em HQ;
- expor oralmente informações pesquisadas sobre um super-herói;
- aprofundar o estudo sobre língua e linguagem;
- rever e ampliar conceitos de linguagem verbal e linguagem não verbal;
- rever e ampliar o estudo dos substantivos;
- produzir uma HQ.

Depois de observar a imagem desta abertura, responda às questões.
1. Você já viu imagens semelhantes a essa? Onde?
2. O que o desenho e a onomatopeia "Whaam!" podem representar?
3. Em que textos aparecem imagens como essa?

CAPÍTULO 1

Neste capítulo você vai ler tiras e uma história em quadrinhos do personagem Calvin e estudar alguns recursos utilizados nas HQs. Depois, vai pesquisar super-heróis e apresentá-los oralmente aos colegas. Na seção **Estudo da língua**, vai aprender o que são a linguagem verbal e a linguagem não verbal.

ANTES DE LER

1. Você conhece algumas histórias em quadrinhos (HQs), não é mesmo? Observe estes personagens e converse com os colegas sobre as perguntas a seguir.

a) Você já tinha visto esses personagens? Onde? Em algum texto?
b) O que você sabe sobre eles?
c) Você conhece outros personagens que costumam aparecer junto com eles? Quais?
d) Como são as histórias das quais esses personagens participam?
e) Você gosta dessas histórias? Por quê?

2. Você vai ler uma HQ com o personagem Calvin, um garotinho de 6 anos, com personalidade forte e muita imaginação.

 **LEITURA**

Inicialmente, observe apenas os desenhos da primeira linha da HQ. O que o menino está fazendo? O que será que vai acontecer nessa história?

Bill Watterson. O mundo é mágico. *As aventuras de Calvin e Haroldo.* São Paulo: Conrad, 2007. p. 17.

 **Bill Watterson** nasceu em 1958, em Washington, nos Estados Unidos. A série com os personagens Calvin e Haroldo foi publicada pela primeira vez em 1985, em tiras diárias (em preto e branco) de jornais estadunidenses. Já em 1987, seu trabalho era conhecido e publicado em diversos jornais, tanto dos Estados Unidos quanto do restante do mundo. A última tira diária com os personagens foi publicada em 1995.

11

ESTUDO DO TEXTO

Apreciação

1. As hipóteses que você levantou na observação inicial dos primeiros quadros da HQ se concretizaram após finalizar a leitura? Por quê?

2. Você gostou da HQ? Por quê?

3. Com base nas histórias que leu, como você descreveria o personagem Calvin?

4. Você diria que essa HQ tem humor? Por quê?

5. Se nessa história só houvesse os textos dos balões ou só ilustrações e demais elementos visuais, ela teria o mesmo sentido? Explique sua resposta.

Interpretação

1. A HQ e as tiras de Calvin e Haroldo foram publicadas em mais de 2 mil jornais de diversos países por vários anos. Depois, muitas delas foram reunidas em livros. A HQ que você leu foi publicada no livro *O mundo é mágico*.

    a) Com base nas tiras e HQ lidas, por que você imagina que as histórias fizeram sucesso em diversos países?

    b) Considerando o veículo no qual as histórias foram inicialmente publicadas, a que leitores as tiras e HQs eram destinadas?

    c) Em que meios de comunicação essas histórias são publicadas atualmente?

    d) Em sua opinião, essas histórias destinam-se a um público específico ou podem interessar a diversos leitores?

2. Nessa história, Calvin brinca com um barquinho em uma banheira simulando uma conversa imaginária entre dois personagens.

    a) Quem são esses personagens? O que eles estão fazendo?

    b) Releia o diálogo do segundo quadrinho. O que os vocativos "meu bem" e "querido" indicam sobre a relação entre os personagens imaginados por Calvin?

3. Observe as expressões de Calvin nos quadrinhos.

    a) Nos dois primeiros quadrinhos, qual é a relação entre a expressão dele e o que acontece aos personagens imaginários?

    b) A partir de qual quadrinho a expressão de Calvin se modifica? Por que isso ocorre?

    c) Nesse quadro, há um cruzamento entre imaginação e realidade. O que representa a imaginação e o que representa a realidade?

4. Releia o quadro final.
   a) Pelo contexto da história, quem são esses personagens?
   b) O que deve ter acontecido para que o personagem de roupa verde tenha sido chamado?
   c) O personagem afirma: "Alguém mais vai pagar por isso". Quem seria esse "alguém"?

5. Nessa HQ, Calvin é o personagem principal, o protagonista. Por quê?

6. As falas de Calvin são compostas em letras de diferentes tamanhos e formas.
   a) O que representam as letras maiores no quarto quadrinho?
   b) Em que outros quadrinhos isso também acontece?

7. Por que essa história de Calvin é chamada "história em quadrinhos"?

8. Você deve ter percebido que nas HQs há diferentes tipos de balões.
   a) Lembra-se de algum?
   b) Observe os balões nas tirinhas a seguir. O que o formato de cada um indica?

Linguagem

1. Releia o terceiro e o sétimo quadrinhos da HQ da página 11.
   a) No terceiro quadrinho há uma onomatopeia (figura de linguagem caracterizada pelo uso de palavras ou fonemas que representam sons diversos, como ruídos, explosões, sons típicos de animais etc.). Que som a palavra **PLUSH** representa?
   b) Identifique o som representado no sétimo quadrinho e as palavras usadas para isso.

2. Observe o sinal de exclamação no sétimo quadrinho.
   a) Que emoção esse sinal de pontuação indica na fala do personagem?
   b) No trecho "Da cachoeira!!", o sinal de exclamação aparece duas vezes. Qual é o efeito de sentido produzido por essa repetição?

O QUE APRENDEMOS COM O ESTUDO DE HISTÓRIA EM QUADRINHOS

- Nas HQs, geralmente, há duas linguagens que se complementam: a verbal (escrita) e a visual (desenhos, recursos gráficos etc.).
- Em geral, as HQs são narrativas, isto é, contam uma história integrando desenhos e palavras.
- Muitas HQs têm um protagonista, o personagem responsável pelas principais ações da história.
- Nas HQ's, as expressões corporais e faciais dos personagens auxiliam na construção do sentido do texto.
- A letra escrita de forma linear, sem negrito, indica uma expressividade "neutra". Qualquer tipo de letra que fuja a isso é recurso expressivo.

AQUI TEM MAIS

Outros formatos, outros espaços de ler

O leitor pode encontrar sua HQ predileta em *sites*, bancas de jornal e livrarias.

E há HQ de diferentes temas, por exemplo, as direcionadas ao público infantil, as de aventura, de super-heróis etc.

Reprodução de capa de revista em quadrinhos do Superman, um dos mais conhecidos super-heróis em todo o mundo.

Home page de *Marco e seus amigos*, webquadrinho.

O leitor pode ler textos em outros formatos que também usam o recurso da linguagem visual para contar uma história. As novelas gráficas (*graphic novels*), por exemplo, são narrativas longas que em geral contêm uma única história, diferentemente das revistas, que fazem parte de uma série. Veja os exemplos de novelas gráficas.

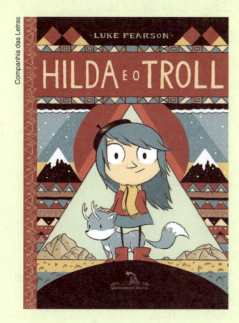
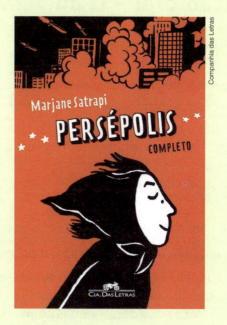

Outra forma de contar uma história é o mangá, que tem origem nas HQs japonesas. No Brasil, podemos encontrar vários mangás traduzidos.

- Você conhece *sites* que publicam HQs? Já leu uma *graphic novel* ou um mangá?

Exposição oral – O universo dos super-heróis

Para começar

Você deve conhecer vários super-heróis. Eles estão presentes nas HQs e no cinema.

Com um colega, pesquise e apresente à turma seus super-heróis prediletos.

Vocês podem fazer essa exposição com recursos de multimídia disponíveis na escola. Tudo deverá ser combinado previamente com o professor.

Planejar

1. Decidam com a turma que super-heróis vocês vão pesquisar.

2. Utilizem o roteiro a seguir para fazer a pesquisa.

    a) Pesquisem as características do super-herói, informações sobre outros personagens das histórias, quando essas histórias foram publicadas pela primeira vez, se houve mudanças nas características dos personagens com a passagem do tempo, informações sobre o criador do super-herói etc. Na internet é importante utilizar fontes confiáveis, de preferência a página do próprio criador do personagem ou da editora que publica essas histórias. Anotem no caderno as principais informações encontradas.

    b) Pesquisem também HQs e tiras do personagem para apresentar à turma e ilustrar a apresentação. É importante falar um pouco sobre elas e não apenas usá-las como ilustração.

    c) Verifiquem se na biblioteca há revistas ou livros com os quadrinhos desse super-herói e, em caso positivo, levem-nos para a sala de aula.

    d) Não se esqueçam de inserir, no fim da pesquisa, as referências bibliográficas, isto é, os *sites* da internet, livros ou revistas em que vocês pesquisaram.

3. Concluída a pesquisa, planejem como ela será apresentada.

    a) Preparem um roteiro que orientará a fala de vocês. Em fichas, escrevam na forma de itens as principais informações encontradas na pesquisa que podem ser consultadas durante a exposição. O objetivo não é apresentar muita informação escrita nem ler as fichas, apenas elaborar tópicos para ajudar a conduzir a fala do grupo.

    b) Para expor a pesquisa, vocês podem usar programas de computador para preparar *slides* que contenham uma síntese das informações, as imagens dos personagens e exemplos de suas aventuras.

Preparar

A exposição tem uma fase de preparação e ensaio. Divida-a em partes, conforme sugestão a seguir.

1. Abertura

    - No momento da apresentação, o professor (que será o mediador) apresentará seu grupo. Em seguida, você e os colegas devem cumprimentar o auditório (o restante da turma).

    - Nessa fase apresentem o super-herói e as fontes pesquisadas.

2. Desenvolvimento da apresentação
- A apresentação deve ser feita de forma organizada.
- Nesse momento, você e os colegas devem utilizar os *slides* com a síntese das informações, HQs, tiras e imagens selecionadas para ilustrar a fala do grupo.
- Durante a apresentação, perguntem à turma se há dúvidas.

3. Síntese (abertura para perguntas)

Depois da apresentação, deem um tempo para que os colegas façam perguntas sobre o assunto. O objetivo é esclarecer dúvidas e aproveitar a oportunidade para ampliar as informações, além de verificar o interesse deles pelo tema.

4. Encerramento
- Encerrem a apresentação agradecendo a todos pela atenção.

Apresentar

1. Concluído o trabalho, o professor vai decidir, com a ajuda da turma, as datas e o local para a apresentação.

2. Nesse dia, é importante que os recursos de multimídia estejam disponíveis e preparados com antecedência.

3. O professor estabelecerá a ordem e cronometrará o tempo das exposições.

Avaliar

1. Depois da exposição, com a ajuda dos colegas, avalie o trabalho de vocês com base nos itens a seguir.

a) As informações apresentadas possibilitaram aos colegas conhecer melhor os super-heróis?

b) Além de ilustrar a apresentação, as tiras e as HQs trouxeram novas informações sobre o personagem?

c) A fala dos expositores estava audível e pôde ser compreendida por todos? Explique.

d) O tempo de exposição foi adequado?

2. O professor também fará uma avaliação da exposição oral e dos recursos utilizados.

 **ESTUDO DA LÍNGUA**

Língua e linguagem

1. O que é linguagem para você? Dê exemplos para justificar sua resposta.

2. Observe as imagens a seguir.

a) Em qual delas você considera que existe linguagem?

b) O que cada uma das imagens indica?

Os seres humanos se comunicam usando diferentes linguagens: por meio de palavras, gestos, códigos, imagens etc. As linguagens expressam significados que são construídos coletivamente na sociedade. Para que as pessoas se comuniquem e se entendam, deve haver linguagens comuns a elas.

> Linguagem é a capacidade de construir significados coletivamente. Por meio dela, as pessoas podem interagir em diferentes situações comunicativas.

Linguagem verbal e linguagem não verbal

1. Leia a tirinha a seguir e responda às questões.

a) No primeiro quadrinho, o rato está escrevendo um bilhete. Por que ele assina como "mamãe"?

b) Qual era a intenção do rato ao escrever o bilhete dirigido ao menino?

c) Que sentido o ponto de interrogação, no segundo quadrinho, expressa sobre os pensamentos do menino?

d) O rato conseguiu se comunicar com o menino? Por quê?

e) Nessa tira, quais elementos constituem linguagem verbal?

Vimos, na tirinha do Níquel Náusea, que nem sempre conseguimos nos comunicar adequadamente, pois seria necessário que os personagens se entendessem usando, por exemplo, a mesma forma de escrita.

Para representar o mundo, o ser humano utiliza diferentes linguagens. Os homens pré-históricos registraram nas paredes das cavernas seu modo de vida, os animais com os quais conviviam, a caça etc. usando imagens para representar seu cotidiano.

A dança também é uma linguagem. Os movimentos do corpo, os gestos e as vestimentas revelam valores e características culturais de determinados grupos sociais. Veja as duas imagens a seguir. São dois grupos diferentes de jovens que se expressam por meio da dança.

← Apresentação de dança típica no Dia Internacional da Mulher. Cidade de Amritsar, Índia, 8 de março de 2017.

→ Dançarino de *break* se apresenta em rua de Kiev, capital da Ucrânia, em 2017.

A **linguagem verbal** utiliza palavras escritas ou faladas.
As **linguagens não verbais** expressam ideias por meio de gestos, sons, imagens etc.

Língua

Os falantes interagem uns com os outros por meio da linguagem verbal em diferentes situações comunicativas. A interação pode ser feita pela língua oral ou escrita: uma conversa entre amigos, uma palestra, a escrita de um *e-mail*, um *post* nas redes sociais, mensagens em aplicativos de comunicação instantânea etc.

A língua é um sistema organizado que é compartilhado por um grupo de falantes; por exemplo, as pessoas que vivem no Brasil e falam a língua portuguesa podem construir significados e se comunicar em diferentes situações.

A língua é um sistema organizado de códigos que é compartilhado por um grupo de falantes. Os falantes interagem uns com os outros por meio da língua oral ou escrita nas diferentes situações comunicativas.

ATIVIDADES

1. Leia a tirinha:

a) Por que Cebolinha emprestou o sapato ao amigo?

b) Qual foi a intenção de Cascão ao fazer o pedido ao amigo?

c) Observe a imagem do sapato com os traços a seu redor. Que sentidos eles acrescentam à história?

d) É possível identificar quem está participando dessa situação comunicativa? Se sim, de que forma?

e) Cebolinha está tocando violão e cantando. Que recursos visuais foram usados para indicar isso?

2. Leia a seguir o trecho de um artigo de divulgação científica sobre a comunicação entre os vaga-lumes.

Vaga-lumes: a linguagem do pisca-pisca

Você já reparou naquele bichinho que vive piscando à noite? Você sabe por que os vaga-lumes piscam? O vaga-lume fêmea pisca para avisar ao macho que ele pode se aproximar dela para o acasalamento. [...]

Quando uma pessoa está dirigindo um carro e quer indicar que vai entrar à direita, ela liga o pisca-pisca para a direita e pronto! Quem está na rua, pedestre ou automóvel, já sabe o que significa aquele sinal. Mas pouco se sabe sobre a função da lanterna do vaga-lume. Mas certamente ela funciona, como o pisca-pisca do carro, como uma "linguagem" entendida só no mundo dos vaga-lumes e dos bichos que os rodeiam.

Ciência hoje das crianças, 11 set. 2000. Disponível em: <http://chc.org.br/vaga-lumes-a-linguagem-do-pisca-pisca/>. Acesso em: 30 jun. 2018.

a) O texto cita dois tipos de linguagem não verbal. Quais são eles? Em que situações são usados?

b) O que é necessário para que as pessoas entendam os sinais do pisca-pisca do carro?

3. Observe as imagens ao lado.

a) A que situação essas imagens estão relacionadas?

b) Que relação há entre as imagens e a situação a que se referem?

Em dupla

c) Crie imagens que identifiquem os espaços da escola (sala de aula, quadra de esporte etc.). Procure usar desenhos originais, mas que sejam facilmente reconhecidos pelos leitores.

CAPÍTULO 2

Neste capítulo você vai ler duas HQs e analisar os recursos utilizados nelas. Vai também retomar e ampliar seu conhecimento sobre o substantivo. Na seção **Produção escrita**, vai produzir uma HQ com um personagem criado por você.

Você lerá duas histórias em quadrinhos com a personagem Suriá, uma garota que vive em um circo. Como você imagina que seja o cotidiano dela?

Texto 1

Laerte. *Suriá, a garota do circo*. São Paulo: Devir; Jacarandá, 2000. p. 14.

Texto 2

Laerte. Suriá. *Folha de S.Paulo*, 15 abr. 2006. Disponível em: <www1.folha.uol.com.br/folhinha/quadri/qa15040601.htm>. Acesso em: 17 abr. 2018.

Laerte nasceu em São Paulo, capital, em 10 de junho de 1951. É cartunista e quadrinista, e suas obras são conhecidas em todo o Brasil. Começou sua atividade profissional nos anos 1970. De lá para cá, colaborou com inúmeros veículos de mídia brasileiros.

ESTUDO DO TEXTO

Apreciação

1. Você leu duas HQs da personagem Suriá. De qual delas você mais gostou? Por quê?

2. E seus colegas, de qual mais gostaram? A opinião deles é semelhante à sua? Em quê?

Interpretação

1. A que público você imagina que essas histórias são dirigidas?

2. Observe a capa de um dos livros em que foram reunidas as histórias de Suriá.

- Que elementos apresentados nessa capa confirmam a resposta que você deu à questão 1?

3. No segundo quadro do Texto 1, um recurso visual foi utilizado para mostrar como Kurtz toca tuba. Identifique esse recurso e explique o que ele demonstra sobre como o personagem toca.

4. As letras em negrito foram utilizadas duas vezes no Texto 1. Com que objetivo foram usadas no primeiro quadrinho? Escolha a alternativa correta e copie-a no caderno.

   a) Para indicar que a personagem falou as palavras com mais ênfase.
   b) Para apresentar a personagem.
   c) Para indicar às crianças que elas deveriam aplaudir Kurtz.

5. Qual é o objetivo das letras em negrito no terceiro quadro do Texto 1?

6. Afinal, por que Kurtz é o tocador de tuba mais aplaudido do mundo?

7. No Texto 2, o que Suriá e sua amiga precisam fazer?

8. Elas decidem seguir a sugestão da professora e "observar a realidade". Essa estratégia funciona? Por quê?

9. O que mostra o último quadrinho do Texto 2?

10. Pelas atitudes dos personagens Suriá e Natinha, como você poderia descrevê-los? Escolha a alternativa correta e copie-a no caderno.

   a) Suriá e Natinha são meninas pouco imaginativas que sempre escrevem histórias parecidas.

   b) Suriá e Natinha são meninas que não seguem as instruções da professora para escrever uma história.

   c) Suriá e Natinha são duas meninas com muita imaginação. Elas escolhem um elemento pouco comum para escrever uma história.

Linguagem

1. O Texto 1 apresenta uma onomatopeia. Qual é e o que ela indica?

2. Releia o quarto quadrinho do Texto 2.
   a) O que indica o formato do balão?
   b) Quem está falando nesse balão? Que recurso visual mostra isso?
   c) Que pontuação foi utilizada no fim da fala?
   d) O que indica o uso dessa pontuação e os demais recursos?

 O QUE APRENDEMOS COM O ESTUDO DE HISTÓRIA EM QUADRINHOS

- As HQ são organizadas em requadros (quadrinhos), em sequência para compor a narrativa.
- As palavras que representam sons são chamadas de **onomatopeias**.
- No balão, a **pontuação** reflete a natureza e a emoção das falas.
- Nas HQs, além da pontuação, colaboram para a construção de sentidos os recursos visuais, a forma dos balões, as onomatopeias, entre outros.

 **DIÁLOGO**

Vida no circo

Assim como Suriá, muitas crianças vivem em circos com a família. E a educação escolar delas, como é, já que mudam constantemente de cidade, de estado e até de país?

No Brasil há a Lei Federal nº 6.533, de 1978, que garante a filhos de profissionais circenses vaga em escolas públicas e particulares. Os alunos podem matricular-se em qualquer momento do ano escolar.

Além dos estudos, a rotina das crianças e dos adolescentes que vivem no circo conta com ensaios e apresentações.

A escolha dos números circenses é feita pelas crianças, com apoio dos pais. Eles atuam em números de mágica, contorcionismo, acrobacia, trapézio e como palhaços.

E, como toda criança e adolescente, todos têm um tempo livre para fazer o que quiser: brincar, passear, ir ao *shopping*, encontrar os amigos etc.

Substantivo

1. O texto a seguir apresenta a personagem Suriá. Algumas palavras foram omitidas do texto.

Seu ▒▒▒ e sua ▒▒▒ são malabaristas, e ela nasceu e vive dentro de um ▒▒▒. A vida de ▒▒▒ é bastante diferente das outras ▒▒▒ de sua idade, pois como não tem uma ▒▒▒ fixa, já que o circo é itinerante, ela passa por inúmeras ▒▒▒ e acaba trocando muito de amigos.
Mas em compensação, a relação de Suriá com as ▒▒▒ e os ▒▒▒ do circo acaba sendo muito intensa. ▒▒▒, o leão; ▒▒▒, a ▒▒▒; Kurtz, o urso e ▒▒▒ o macaquinho. [...]

Suriá – A Garota do Circo. *Devir*, 28 out. 2015. Disponível em: <http://devir.com.br/suria-a-garota-do-circo>.
Acesso em: 21 junho 2018.

a) É possível entender o texto completamente? Explique.

b) Que tipo de palavra falta no texto para que ele possa ser entendido?

c) Observe o quadro de palavras a seguir. No caderno, copie o texto, completando-o com as palavras do quadro na ordem correta.

> crianças – mãe – circo
> Daniel – Suriá – cidades
> pessoas – animais – elefanta
> Fred – residência – pai – Úrsula

d) Como você descobriu o substantivo adequado para preencher cada lacuna do texto?

e) Qual é a importância dessas palavras no texto para a identificação da personagem? Copie a alternativa correta no caderno.

- As palavras qualificam a personagem, seu criador e seus pertences.
- As palavras expressam opinião da personagem, de seu criador e seus pertences.
- As palavras nomeiam a personagem, seu criador e seus pertences.
- As palavras indicam onde a personagem está e como ela é.

No estudo da língua, encontramos palavras cuja função é dar nome aos elementos do mundo que nos rodeia; por exemplo, no texto de apresentação da personagem, sabemos o nome de seus amigos e as pessoas com quem ela convive, além dos lugares que frequenta.

> **Substantivo** é a classe de palavras que nomeia os objetos, lugares, sentimentos e seres que fazem parte do mundo real ou imaginário.

Classificação do substantivo

Vamos estudar as diferentes formas de classificação do substantivo.

Substantivo comum e substantivo próprio

1. Leia o texto a seguir e conheça a origem de um dos personagens da Turma da Mônica. Depois, responda às questões.

> ### Nasce Bidu, primeiro personagem da Turma da Mônica
>
> [...]
> Sobre uma caixa de madeira, um maltrapilho discursa. Poucos passantes param pra ouvir. Ao fim, sobra somente um menino de franjinha na plateia. O coitado orador se vai, esbaforido. O menino levanta a caixa e surge um pequeno cachorrinho. [...]
>
> Assim nasceu Bidu, o primeiro personagem da Turma da Mônica, de Mauricio de Sousa. [...]
>
> Para criar Bidu, Mauricio de Sousa se inspirou em Cuíca, seu cachorrinho de infância, um pequeno *schnauzer* cinza. Franjinha, o dono, tinha um pouco do jeito do menino Mauricio e algumas características de outros parentes.
> [...]

Efemérides do Éfemello, 18 jul. 2014. Disponível em: <https://efemeridesdoefemello.com/2014/07/18/nasce-bidu-primeiro-personagem-da-turma-da-monica>. Acesso em: 26 jan. 2019.

© Maurício de Sousa Editora Ltda

a) Qual é a diferença de sentido entre os substantivos **Franjinha** e **franjinha**?

b) O substantivo **Cuíca** se refere a um nome ou a um objeto? Justifique sua resposta.

No texto, alguns substantivos foram usados para identificar os personagens, atribuindo um nome a cada um deles.

> Os substantivos que identificam, de modo particular, algum elemento, como pessoas, lugares, títulos de livros etc., são chamados de **substantivos próprios**. Os substantivos próprios sempre têm a letra inicial escrita com maiúscula.

2. Localize no texto outros substantivos próprios.

> As palavras que se referem de modo genérico a um ser, sem o particularizar, recebem o nome de **substantivo comum**. Todos os substantivos comuns começam com letra minúscula.

3. Dê exemplos, do texto, de substantivos comuns.

26

Substantivo concreto e substantivo abstrato

1. Leia a tirinha. Nela, Hernia faz uma pergunta a Hamlet.

Dik Browne. *Hagar, o horrível*, 1. Porto Alegre: L&PM, 1997. p. 60.

a) Qual parece ser a intenção de Hernia ao perguntar a Hamlet o que é amor?

b) A resposta de Hamlet estava adequada à situação? Por quê?

Hamlet afirma que o substantivo **amor** é um substantivo abstrato. Os substantivos podem ser classificados como **concretos** e **abstratos**.

> **Substantivos concretos**: nomeiam seres animados ou inanimados, reais ou imaginários. Exemplos: livro, aranha, sereia.
>
> **Substantivos abstratos**: nomeiam ações, estados, qualidades e sentimentos. Exemplos: amor, beleza, diversão.

Substantivo coletivo

1. Observe a capa de uma HQ.

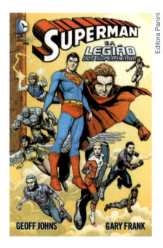

a) Quem parece ser o personagem principal dessa história? Justifique sua resposta.

b) A que a palavra **legião** se refere?

> Quando um substantivo é usado para se referir a um conjunto de objetos ou seres da mesma espécie, ele é classificado como **coletivo**.
>
> Mesmo no singular, o substantivo coletivo expressa a ideia de mais de um elemento da mesma espécie, como em **legião**.

2. Leia os substantivos coletivos a seguir. A que eles se referem? Se tiver dúvida, consulte o dicionário.

biblioteca   elenco   fauna

flora   arquipélago

27

Veja no quadro a seguir outros exemplos de substantivos coletivos.

Substantivo	Coletivo
abelhas	colmeia ou enxame
gafanhotos	nuvem
flores	ramalhete
cães	matilha
lobos	alcateia
estrelas	constelação
peixes	cardume
montanhas	cordilheira
obras de arte	acervo ou galeria

Substantivo	Coletivo
bananas	cacho
porcos	vara
músicas	antologia ou coletânea
mapas	atlas
cebolas	réstia
aviadores	tripulação
viajantes	caravana
filmes	cinemateca
jornais e revistas	hemeroteca

Substantivo primitivo e substantivo derivado

1. Leia um trecho da apresentação da personagem Mônica.

> [...] Quando é chamada de baixinha, gorducha e dentuça, ninguém segura suas coelhadas. Isso porque Mônica é a menina mais forte do bairro do Limoeiro, onde mora – e talvez até do mundo!
> [...]

Mônica. *Turma da Mônica*. Disponível em: <http://turmadamonica.uol.com.br/personagem/monica>. Acesso em: 27 jan. 2018.

a) O substantivo **coelhadas** é formado de outro substantivo. Identifique-o.

b) Que outras palavras podem ser formadas do mesmo substantivo que deu origem a **coelhadas**?

c) Que substantivo deu origem a **Limoeiro**?

d) Indique uma palavra que pode ser formada do mesmo substantivo que deu origem a **Limoeiro**.

> Na língua portuguesa, quando um substantivo dá origem a outros substantivos, dizemos que ele é um **substantivo primitivo**. Todos os outros formados dele são chamados de **substantivos derivados**.

Os substantivos primitivos não são originados de outras palavras da língua. Exemplos: pedra, flor, lápis, limão.

Os substantivos derivados são originados de outras palavras. Exemplos: pedregulho (de pedra), floricultura (de flor), lapiseira (de lápis), limonada (de limão).

2. Leia as palavras retiradas do texto sobre o personagem Bidu e indique quais são substantivos primitivos e quais são substantivos derivados.

franjinha   dono   cachorrinho   menino

3. Observe as palavras derivadas do substantivo **caixa** e indique o sentido de cada uma delas.

a) caixinha   **b)** caixão   **c)** encaixotar

ATIVIDADES

1. Você conhece Aquaman, o personagem de HQ que vive nos mares? Leia as informações sobre ele.

Muito mais do que falar com peixes!

[...] **Aquaman** pode fazer muito mais do que se comunicar com nossos amigos com escamas. Ele é capaz de **controlar** toda vida marinha, incluindo Tubarões Gigantes, Lulas Colossais e Baleias Assassinas.
[...]
Seu arsenal ainda inclui nadar a velocidades supersônicas, saltar cerca de 20 metros sobre as águas e sentidos superaguçados, sendo capaz de enxergar na escuridão do fundo do oceano. Além disso, ele também possui o pacote básico de superforça e superagilidade.

Aquaman também tem a pele super-resistente. [...]

10 coisas que você talvez não saiba sobre o Aquaman!. UOL, 22 jun. 2016. Disponível em: <https://legiaodosherois.uol.com.br/lista/10-coisas-que-voce-talvez-nao-saiba-sobre-o-aquaman.html/1>. Acesso em: 26 jun. 2018.

a) O texto descreve algumas características do personagem. O que elas revelam sobre Aquaman?

b) Se você pudesse criar um super-herói, como ele seria? Descreva esse personagem: as principais características físicas, os poderes, o lugar em que vive. Depois, faça uma ilustração e apresente seu personagem aos colegas de turma.

2. Leia a tirinha e faça o que se pede.

a) Qual é o sentido da palavra **limões** no primeiro quadrinho?

b) Explique o significado da expressão: "Fazer de um limão uma limonada".

c) Considerando o texto, é possível pensar que "ainda que a situação seja difícil, há maneiras de resolvê-la". Como essa ideia está expressa na tirinha?

d) A palavra **limonada** é derivada de limão. Indique outra palavra que também derive de limão.

Pryscila Vieira. *Amely*. Disponível em: <www1.folha.uol.com.br/ilustrada/cartum/cartunsdiarios/#5/1/2015>. Acesso em: jun. 2018.

3. Leia o poema e responda às questões.

A galinha cor-de-rosa

Era uma galinha cor-de-rosa,
Metida a chique, toda orgulhosa,
Que detestava pisar no chão
Cheio de lama do galinheiro.
Ficava no alto do poleiro
E quando saía do lugar,
Batia as asas para voar.
Mas seus pés acabavam na lama.
Aí armava o maior chilique,
Cacarejava, bicava o galo,
E depois, com ar de rainha,
Lavava os pés numa pocinha.

Duda Machado. *Histórias com poesia, alguns bichos & cia*. São Paulo: Editora 34, 2005.

a) Quais são as características da galinha cor-de-rosa?
b) Por que ela fica nervosa?
c) Qual é o significado da expressão "**com ar de rainha**"?
d) Identifique no poema uma palavra derivada do substantivo **galinha**.
e) Observe a palavra **cor-de-rosa**. Ela pode ser classificada como um substantivo? Justifique sua resposta.

4. Reescreva as frases a seguir substituindo a palavra destacada pelo substantivo coletivo correspondente. Faça as alterações necessárias.

a) Os **lobos** sempre caçam em bando.
b) As **ilhas** eram todas desertas.
c) Os **artistas** do filme estavam reunidos para a apresentação.
d) As **estrelas** do Cruzeiro do Sul formam o desenho de uma cruz.
e) As **roupas** e os **acessórios** já estão na casa nova.
f) Os **quadros** daquela exposição são barrocos.
g) Parte das **plantas** das **ilhas** caribenhas é exótica.

5. Qual das palavras a seguir é um substantivo abstrato? Justifique sua resposta.

a) bruxa   b) ar   c) bondade   d) saci

6. Qual das palavras a seguir é um substantivo concreto? Justifique sua resposta.

a) dor   b) fé   c) ar   d) felicidade

7. Forme substantivos derivados das palavras a seguir.

a) flor   c) mar
b) sol   d) dia

8. Identifique os substantivos primitivos que dão origem aos derivados a seguir.

a) peixeiro   c) porteiro
b) camponesa   d) pobreza

ENTRELAÇANDO LINGUAGENS

Você já ouviu falar em Dom Quixote? Ele é o personagem principal do romance espanhol de Miguel de Cervantes, publicado em 1605. O livro narra as façanhas de um nobre que gostava tanto de ler novelas de cavalaria que resolve imitar seus heróis e sair em busca de aventuras.

1. Leia o trecho inicial do romance. Caso tenha dúvidas sobre o vocabulário, consulte o dicionário.

> NUM lugar da Mancha, de cujo nome não quero lembrar-me, vivia, não há muito, um fidalgo, dos de lança em cabido, adarga antiga, rocim fraco, e galgo corredor.
> [...]
> Orçava na idade o nosso fidalgo pelos cinquenta anos. Era rijo de compleição, seco de carnes, enxuto de rosto, madrugador, e amigo da caça.
> [...]
> É pois de saber que este fidalgo, nos intervalos que tinha de ócio (que eram os mais do ano) se dava a ler livros de cavalaria, com tanta afeição e gosto, que se esqueceu quase de todo do exercício da caça, e até da administração dos seus bens; e a tanto chegou a sua curiosidade e desatino neste ponto, que vendeu muitas courelas de semeadura para comprar livros de cavalarias que ler; com o que juntou em casa quantos pôde apanhar daquele gênero.

Miguel de Cervantes. *Dom Quixote de La Mancha*. [S.l.]: eBooksBrasil, 2005. v. 1. Disponível em: <www.dominiopublico.gov.br/pesquisa/DetalheObraForm.do?select_action=&co_obra=17707>. Acesso em: 26 jun. 2018.

- Qual era a principal ocupação do fidalgo? Essa atividade era boa para ele? Por quê?

2. Leia, a seguir, os três primeiros quadrinhos de uma HQ que trata do mesmo trecho da história.

Caco Galhardo. *Dom Quixote*. São Paulo: Peirópolis, 2005. p. 5.

a) Que informações há na HQ que não foram mencionadas no texto escrito?

b) Que recurso foi usado para representar a passagem do tempo nos quadrinhos?

3. O que o autor precisou fazer a fim de adaptar o romance para a narrativa em quadrinhos?

HQ

Para começar

Com um colega, você vai produzir uma HQ de quatro a seis quadros. Depois de pronta e revisada, ela fará parte de um Salão de Histórias em Quadrinhos.

Decida com o professor e os colegas onde, como e quando os trabalhos serão expostos. Há diversas formas de fazer essa exibição, tanto em espaços físicos, como feito no Salão de Humor de Jaguariúna e Piracicaba, quanto em ambientes virtuais, como o *site* ou *blog* da escola ou da turma.

Decidam, também, como será a divulgação da exposição, que pode ser apenas um convite oral para os colegas de outras turmas, um convite impresso ou mesmo virtual, enviado por *e-mail* ou outro meio eletrônico de envio de mensagens.

Planejar

1. Em cada HQ estudada nesta unidade, há um personagem principal: Calvin e Suriá. Você também vai criar um personagem. E não se preocupe com o desenho. Há personagens feitas com um traço simples, como as Planárias, de Willian Raphael Silva. Veja o exemplo de uma tirinha desse artista:

Willian Raphael Silva. *Humor com ciência*, 09 set. 2015. Disponível em: <www.humorcomciencia.com/tirinhas/se-os-jedi-fossem-planarias>. Acesso em: jun. 2018.

2. Leia outras HQs e observe como seus autores desenvolveram os personagens e as histórias. Nesta unidade, há algumas tiras. Leia-as novamente.

Desenvolver

1. Com o colega da dupla, crie um personagem. Escreva as características básicas dele, ou seja, como é sua personalidade.
2. Faça, com o colega, um esboço do personagem. Lembre-se: ele pode ser feito com um desenho simples ou mais elaborado. Vocês decidem.
3. Que história vocês contarão na HQ?
   a) Além do principal, que personagem(ns) vai(vão) aparecer?
   b) Em que lugar a história se passará?
   c) Que elementos do cenário aparecerão?

4. Escreva a história tendo em mente que muitas informações serão dadas pelo desenho e não pelo texto (como o entupimento do vaso sanitário na história de Calvin).

   a) Crie as falas que vão aparecer nos balões.

   b) Utilize a pontuação expressiva (não precisa ser apenas exclamação).

   c) Pense no tamanho das letras para transmitir as emoções do personagem.

   d) Use onomatopeias para indicar os sons.

   e) Indique também nos gestos e nas expressões faciais e corporais do personagem as emoções dele.

5. Depois de escrever a história, faça o esboço dos quadrinhos com o colega.

Revisar e editar

1. Concluído o esboço (que ainda não é a história definitiva), troque seu trabalho com o de outra dupla. Observe o trabalho dela de acordo com os aspectos a seguir.

   a) Foi criado um personagem?

   b) Esse personagem dialoga com outros?

   c) Há diálogos, recursos textuais e visuais expressivos (pontuação, onomatopeias, diferentes tamanhos de letras etc.)?

   d) A linguagem visual e a linguagem verbal se complementam?

   e) A história tem humor?

   f) Que dicas você daria aos colegas para melhorar a HQ?

2. Receba seu esboço. Com o colega, leia as dicas da outra dupla.

3. Reveja essa versão de sua HQ e entregue-a para o professor corrigi-la.

4. Receba a HQ corrigida pelo professor e faça a versão final.

Compartilhar

No dia e no lugar combinados, façam o Salão das Histórias em Quadrinhos. Exponha a HQ em papel ou em ambientes virtuais, como o *site* ou *blog* da escola ou da turma.

DICAS

↖ ACESSE

Legião dos heróis: <https://legiaodosherois.uol.com.br>. Página com notícias dos mais recentes lançamentos em HQs, mangás, novelas gráficas, animações, adaptações de histórias de super-heróis para o cinema, além de *games*. Acesso em: 21 set. 2018.

▶ ASSISTA

Os Incríveis 2, EUA, 2018. Direção: Brad Bird, 128 min. Nessa sequência da animação de 2004, a Mulher Elástica é contratada por um empresário misterioso para missões especiais, enquanto o Sr. Incrível se dedica à casa e aos filhos.

♀ VISITE

Gibiteca Henfil – Centro Cultural São Paulo. A Gibiteca Henfil tem um acervo com mais de 10 mil títulos, que reúne quadrinhos, fanzines, jornais, revistas e livros sobre história em quadrinhos. Mais informações em: <http://centrocultural.sp.gov.br/site/desfrute/bibliotecas/gibiteca-henfil/>. Acesso em: 25 set. 2018.

↑ Cena do filme *A bússola de ouro*, de 2007, dirigido por Chris Weitz.

UNIDADE
2
Quanta aventura!

NESTA UNIDADE
VOCÊ VAI:

- estudar a narrativa de aventura e seus personagens, heróis e vilões;
- estudar adjetivos;
- escrever a continuação de uma narrativa de aventura;
- estudar gênero de substantivos e adjetivos;
- elaborar um capítulo de romance de aventura.

↑ Cena do filme *A invenção de Hugo Cabret*, de 2012, dirigido por Martin Scorsese.

1. As duas cenas reproduzidas nestas páginas são de filmes de aventura. Você assistiu a algum deles?
2. Mesmo que você não tenha assistido a esses filmes, que elementos das cenas podem caracterizar aventuras?
3. Para você, quem são os personagens principais das histórias desses filmes? O que o leva a concluir isso?

35

CAPÍTULO 1

Neste capítulo, você vai ler um trecho de uma narrativa de aventura ambientada na Amazônia, além de retomar e ampliar o estudo dos adjetivos.

ANTES DE LER

1. Para você, o que seria viver uma aventura? Em sua opinião, qual é o sentido dessa palavra?

2. Na seção **Leitura** deste capítulo, você lerá o trecho de uma narrativa de aventura que tem quatro personagens: Contrapino, Mão Sangrenta, Santa Fé e Ceci (irmã de Contrapino). Juntos, eles vão partir para uma viagem inesperada em busca de uma cidade maia perdida no coração da Amazônia, depois de encontrarem um antigo manuscrito que indica a existência de sobreviventes da antiga civilização. No entanto, no trecho, você conhecerá apenas os apelidos e as características de dois personagens que fazem parte dessa história.

> I. Luís tem muito interesse por mecânica e eletrônica e, por esse motivo, recebeu o apelido de **Contrapino**. Foi criado pelo tio, um especialista em civilização maia.
>
> II. **Mão Sangrenta** recebeu esse apelido porque cresceu muito rápido. Com 14 anos já chegou a 1,90 m. Anda de forma desajeitada e derruba tudo o que encontra no caminho, provocando muitos acidentes.

• Converse com os colegas: Como as características de Contrapino e Mão Sangrenta podem ou não ajudar os demais personagens da história? Por quê?

3. Leia o texto a seguir, em que são apresentadas algumas características da civilização maia.

> Os maias formaram uma civilização que ocupava a região onde atualmente é o sul do México e a América Central. Era um povo com vasta compreensão de Matemática e Astronomia, como atestam as descobertas de arqueólogos e suas construções.
>
> Eles eram politeístas, isto é, acreditavam em vários deuses. No lazer, praticavam vários jogos, inclusive tinham campos para jogos de bola, preservados até hoje.
>
> Essa civilização, que surgiu no século X a.C., desapareceu no século XVIII, depois que os espanhóis conquistaram as terras em que viviam.

↑ Ruínas de construções maias no Parque Nacional do Tikal, na Guatemala, 2016.

• Com base nessas características, o que você imagina que poderá acontecer na viagem que Contrapino, Mão Sangrenta, Santa Fé e Ceci farão?

LEITURA

O trecho a seguir foi retirado do livro *O império da Amazônia*. Nele, os amigos Contrapino, Mão Sangrenta, Ceci e Santa Fé estão a caminho de uma cidade maia perdida. O que poderá acontecer a eles? Leia e descubra!

O córrego do Sumidouro

Uma canoa a motor subia lentamente o córrego do Sumidouro, perdido entre as serras de Taperapecó e Caparro na vasta e inóspita parte da região amazônica que se estende entre o Brasil, a Venezuela e a Colômbia.

Mão Sangrenta ia na proa, atento aos troncos atravessados sobre a água e as pedras que afloravam. Contrapino seguia na popa pilotando cuidadosamente. Ceci e Santa Fé ocupavam os lugares do centro, junto às provisões.

Pelo meio da tarde, começaram a procurar um lugar conveniente para passar a noite. No início da expedição sempre encontravam praias de belas areias brancas. Escolhiam as que ficavam nas ilhas do rio, o que era ideal para armar acampamento.

Mas com o passar dos dias, a mata começou a ocupar todos os espaços das margens enquanto o rio ia se estreitando. Os galhos avançavam sobre a água formando uma galeria que deixava passar apenas uma luz velada.

– Daqui a pouco Ceci vai perder esse belo bronzeado – brincou Mão Sangrenta.

– Todos nós vamos ficar verdes – suspirou ela.

– Todos não – disse Santa Fé. – Só os que escaparem com vida.

Ultimamente ele dera para fazer comentários sinistros desse tipo. O que aliás não era de estranhar. Diga-se a verdade: em matéria de imprudência, essa excursão batia vários recordes.

Lá estavam eles no coração da selva amazônica, sem a menor experiência deste tipo de vida, procurando um lugar para passar a noite.

– De preferência onde dê para armar a barraca – sugeriu Santa Fé.

– E onde não tenha muita onça – completou Ceci.

[...]

Depois da primeira semana no mato, eles tinham desistido de montar a barraca todas as noites. Dormiam em redes armadas em torno da fogueira.

Além de ser mais prático, tinha a vantagem de ser mais divertido, porque podiam assustar Santa Fé com histórias de onça rondando o acampamento. Um morador que eles tinham encontrado no começo da expedição contara que a onça costuma estalar a orelha.

– Faz assim, plect, plect.

Santa Fé naturalmente acreditou. E como o que mais se escuta na mata são estalidos, ele passava o tempo todo olhando para o lado, ressabiado.

Ele e os outros também, diga-se a verdade. Porque na mata, sobretudo à noite, ninguém consegue mais distinguir muito bem o que é verdade e o que é mentira. As coisas em que a gente não acredita podem assustar tanto quanto as outras.

GLOSSÁRIO

Aflorar: aparecer, vir à tona.
Conveniente: adequado, vantajoso.
Inóspito: que não é hospitaleiro, que não oferece boas condições.
Popa: parte de trás de uma embarcação.
Proa: parte da frente de uma embarcação.
Provisão: estoque de alimentos.

O morador ainda tinha contado o seguinte: "A onça vem de mansinho durante a noite e passa o rabo por baixo da rede. Quando sente onde está a cabeça da pessoa dormindo, dá o bote".

Maior besteira, naturalmente. Todo mundo achou muita graça. Mas o fato é que ninguém protestou quando Santa Fé insistiu novamente:

– Melhor arranjar um lugar para montar a barraca.

Mas estava escrito que ninguém ia se preocupar com isso naquela tarde.

Por volta das quatro horas, ao saírem de uma curva no rio viram surgir uma paisagem inteiramente diferente. Do lado direito, o incêndio provocado por um raio abrira uma enorme clareira. Pela primeira vez em muitos dias, eles conseguiam ver à distância. E numa surpresa de cortar o fôlego, erguendo-se da mata até sumir entre as nuvens do céu, lá estava um descomunal paredão de granito negro.

– Olha lá! – gritou Mão Sangrenta. – Estamos no caminho certo. Só pode ser a serra da Perdição.

De tão comovidos, mal conseguiram raciocinar.

Contrapino manobrou a canoa até encostarem na margem. Tirou um mapa grande do bolso, consultou a bússola, apontou um aparelho para medir distâncias na direção da serra, digitou uns números na calculadora e anunciou.

– É isso aí, companheiros. Parece que estamos chegando.

Não muito longe dali, de cima de um abrigo construído no alto de uma árvore um guerreiro assistia com desmesurado espanto à passagem da canoa. Vestia um estranho uniforme: calças justas de algodão azul-escuro que desciam até a barriga da perna, uma túnica do mesmo tecido e da mesma cor, sandálias de tiras, e um capacete feito com couro de cabeça de onça. Trazia braceletes dourados nos braços e nas pernas. Estava armado com lança, um arco e flechas.

Depois de contemplar longamente a canoa dos garotos, levou a mão à boca e produziu um silvo agudo semelhante ao grito de uma ave de rapina. Momentos mais tarde, das profundezas da selva veio um silvo semelhante em resposta.

Sombras que avançam

Prosseguiram ainda meia hora rio acima até encontrarem uma cachoeira. [...]

Resolveram acampar por ali mesmo. Na parte de baixo da cachoeira, o leito do rio formava uma linda piscina de pedra. As águas descansavam num remanso que se estendia até uma praia de areia de bom tamanho.

Eram águas muito transparentes, mas, como acontece às vezes na Amazônia, de uma tonalidade entre o dourado e o castanho como não se vê em outro lugar. Quando o sol bate de atravessado tem-se a impressão de ver milhares de palhetas de ouro. Como sempre, Ceci disse:

– É quase tão bonito quanto olhar uma bola de gude voltada para o sol.

[...]

GLOSSÁRIO

Descomunal: que apresenta proporções gigantescas; imenso.
Silvo: assovio.

O IMPÉRIO DA AMAZÔNIA. Autor: Pedro Cavalcanti. Arte: Sam Hart. Selo: Cia das Letras, 20.09.1995. Páginas, 184

38

Contrapino desligou o motor. Caíram todos na água e foram empurrando a canoa até a praia. Hora de armar o acampamento.

[...]

E tudo correu melhor do que de hábito. A barraca foi montada num belíssimo lugar com vista para a cachoeira e sem que fosse derrubada uma só vez por engano. O feito era quase inacreditável tratando-se de Mão Sangrenta. A expressão "chutar o pau da barraca" parecia ter sido inventada para ele.

[...]

Para quem não está acostumado, o cair da tarde no meio da mata fechada, com rio passando perto, é mesmo de arrepiar. As sombras vêm avançando e vai dando aquele aperto no coração que ninguém explica.

Papagaios e araras cruzam os céus numa última berraria de despedida, somem na distância engolidos pelo silêncio das árvores. De longe em longe os últimos cantos de pássaros soam em despedida. Cada vez mais raros... Cada vez mais tristes...

[...]

[...] Santa Fé ficou sentado em silêncio à beira do córrego. As águas cor de guaraná foram se tingindo de um castanho-escuro, depois de preto. Parecia vinho ou outra coisa semelhante.

Levantou-se e caminhou os trinta metros que o separavam da fogueira e da barraca. Era corajoso, mas não conseguia se livrar da sensação de que alguma coisa caminhava às suas costas.

À noite conversaram um pouco diante da fogueira e recolheram-se cedo.

Santa Fé pegou no sono assim que fechou os olhos. Mas acordou no meio da madrugada com uma impressão assustadora. Sentia uma enorme presença ali, a menos de vinte centímetros, separada de seu rosto apenas pelo fino tecido da barraca.

Estendeu a mão para a lanterna e apontou o facho.

Ouviu um ronco, como uma explosão abafada de ódio e frustração, não se sabe se de homem ou de animal.

Depois, um pulo.

E mais nada.

Desta vez ficou um longo tempo acordado. Antes de adormecer, identificou afinal com o que se parecia a água escura do rio na hora do entardecer.

Parecia-se com sangue.

Na trilha dos maias

Na manhã seguinte, com o sol brilhando forte, a água do rio voltou à sua bela cor dourada de guaraná. Os companheiros de Santa Fé haviam dormido a sono solto a noite inteira. Nenhum deles percebera nada.

Santa Fé acordou por último e foi lavar o rosto no rio. De volta ao acampamento, contou o susto para os amigos, indo em seguida examinar a areia à procura de pegadas. Mas não chegou a conclusão alguma. O solo já estava todo pisado por Mão Sangrenta e Contrapino, que desarmavam a barraca.

[...]

Pedro Cavalcanti. *O império da Amazônia*. São Paulo: Companhia das Letras, 1995. p. 45-56.

Pedro Cavalcanti é jornalista e escritor brasileiro. Foi correspondente de várias revistas e jornais. É autor de livros de ficção e não ficção.

Seu livro *Voando baixo* recebeu, em 2000, o título de Acervo Básico pela Fundação Nacional do Livro Infantil e Juvenil (FNLIJ), na categoria jovem.

Apreciação

1. O texto se desenvolveu como você imaginou?

2. Os personagens agiram como você imaginou na seção **Antes de ler**? Que hipóteses se confirmaram?

3. O que mais chamou sua atenção nessa narrativa de aventura? Por quê?

4. Com base na leitura desse trecho, você ficou interessado pela história? O que mais você gostaria de saber?

Interpretação

1. Na narrativa de aventura, os fatos são narrados por um narrador. Copie no caderno a alternativa que melhor explica como é o narrador dessa história.

  a) O narrador participa da história como um personagem. É o personagem principal.

  b) O narrador narra os fatos de fora da história, mas conhece todos os sentimentos dos personagens e opina sobre os fatos.

  c) O narrador narra os fatos de fora da história, de forma objetiva, sem julgamentos e sem conhecer os sentimentos dos personagens.

  • Comprove sua resposta com um trecho do texto. Copie-o no caderno.

2. No texto, o personagem que se destaca é Santa Fé.

  a) Que característica de Santa Fé lhe rendeu esse apelido?

  b) Que história(s) apresentada(s) sobre esse personagem ressalta(m) essa característica?

  c) Que outras características de Santa Fé podemos deduzir com base em suas atitudes? Copie no caderno as palavras do quadro que melhor traduzem essas características.

> medroso   pessimista   corajoso   cuidadoso   otimista

3. O cenário é um fator importante na narrativa de aventura.

  a) Onde os amigos estão?

  b) Que perigos esse lugar apresenta?

4. Releia este trecho e observe o cenário ao cair da tarde.

> [...] Santa Fé ficou sentado em silêncio à beira do córrego. As águas cor de guaraná foram se tingindo de um castanho-escuro, depois de preto. Parecia vinho ou coisa semelhante.

  a) O que aconteceu com as águas?

  b) Como a mudança de cenário colabora para a construção do suspense?

40

5. Como a presença fora da barraca foi descrita? Copie no caderno a alternativa correta.

   a) Aos poucos, descrevendo as sensações com detalhes para criar expectativa e prender a atenção do leitor.

   b) De forma objetiva, descrevendo as sensações com poucos detalhes, sem gerar expectativa e suspense no leitor.

   c) De forma muito imaginativa, explorando as sensações do leitor.

   d) De forma repentina para despertar a atenção do leitor.

6. Que palavras ou expressões ajudam o leitor a criar expectativa a respeito do que está por vir na história?

7. Essa "presença" sentida por Santa Fé foi anunciada antes para ele. Explique como.

Linguagem

1. Releia este trecho, em que a Serra da Perdição é descrita:

   > Por volta das quatro horas, ao saírem de uma curva no rio viram surgir uma paisagem inteiramente diferente. Do lado direito, o incêndio provocado por um raio abrira uma enorme clareira.
   > Pela primeira vez em muitos dias, eles conseguiram ver à distância. E numa surpresa de cortar o fôlego, erguendo-se da mata até sumir entre as nuvens do céu, lá estava um descomunal paredão de granito negro.
   > [...]

   • Que palavras ou frases foram utilizadas para:

   a) descrever a emoção ao visualizar a Serra da Perdição?

   b) mostrar as características físicas da Serra da Perdição?

   c) ressaltar a grandiosidade da Serra da Perdição?

2. Releia este trecho:

   > Santa Fé pegou no sono assim que fechou os olhos. Mas acordou no meio da madrugada com uma impressão assustadora. Sentia uma enorme presença ali, a menos de vinte centímetros, separada de seu rosto apenas pelo fino tecido da barraca.
   > Estendeu a mão para a lanterna e apontou o facho.
   > Ouviu um ronco, como uma explosão abafada de ódio e frustração, não se sabe se de homem ou de animal.
   > Depois, um pulo.
   > E mais nada.

   a) Como o narrador descreve as sensações de Santa Fé ao perceber (ouvir) uma presença estranha fora da barraca?

   b) Que outros sentidos o personagem utilizou?

41

ENTRELAÇANDO LINGUAGENS

Você já deve ter ouvido dizer que "não se julga um livro pela capa", não é mesmo? E isso, geralmente, é verdade! No entanto, as capas dos livros, muitas vezes, são elaboradas para atrair a atenção do leitor e fornecer alguma informação sobre o conteúdo da obra.

1. Leia a seguir três sinopses (síntese ou resumo) de livros de aventura. No caderno, relacione as sinopses às capas dos livros com base no título e na linguagem visual.

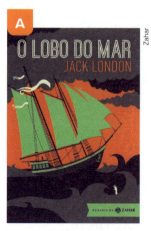

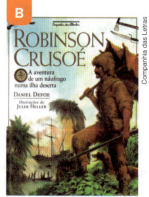

I. Depois de um naufrágio, um marujo inglês se perde em uma ilha próxima à atual Venezuela. Para sobreviver, utiliza sobras do navio naufragado, dos poucos recursos fornecidos pelo lugar e de seu conhecimento de marcenaria e agricultura. Depois de duas décadas sem ver ou conversar com outro ser humano, salva um nativo de ser assassinado e lhe dá o nome de Sexta-Feira.

II. Em 1866, um misterioso monstro marinho provoca o naufrágio e a destruição de muitos navios, gerando grandes prejuízos para diversos países. Uma expedição comandada pelo professor Aronnax é enviada para pesquisá-lo. No entanto, o navio naufraga e o professor e o arpoador Ned Land são feitos prisioneiros pelo capitão Nemo, a bordo do submarino Náutilus.

III. Esse romance mostra a luta pela sobrevivência e os diversos perigos que o barco Ghost precisa enfrentar em alto-mar para sobreviver. Em meio às tempestades e a outros riscos mortais, dois homens travam calorosas discussões: de um lado, um homem prático, o capitão do barco, Wolf Larsen; de outro, Humphrey van Weyden, um homem das letras. Além de muitas aventuras, o autor faz reflexões filosóficas sobre o heroísmo e a batalha pela sobrevivência.

2. Forme grupo com alguns colegas e, juntos, respondam:
   a) Vocês fizeram as mesmas relações entre as sinopses e as capas?
   b) A que elementos das capas vocês recorreram para fazer essas relações?
   c) Vocês já conheciam alguma dessas histórias? Quais? Já leram os livros ou as conheceram por outros meios (filmes, desenhos, jogos etc.)?
   d) Com base nas capas e nas sinopses, qual desses livros você escolheria para ler? E seu colega? Por quê?

 **ESTUDO DA LÍNGUA**

Adjetivo

1. Você lerá o trecho de uma aventura de um grupo de crianças que adora investigar os mistérios que surgem onde moram. É a primeira vez que um dos personagens participa de uma investigação. Qual será o desafio que eles precisam resolver?

Foi numa quarta-feira bem calorenta que meu batismo de fogo começou. Meu pai saiu rumo ao pátio para colher tomates [...] quando meus amigos e eu ouvimos – lá da portaria – seu grito desesperado, exagerado [...].

[...] Logo depois descobrimos o problema: os tomates do grande *chef* Tomatini tinham desaparecido! Quem seria o gatuno guloso?

Flávia Lins e Silva. *Os detetives do prédio azul.* São Paulo: Zahar, 2016. p. 11-12.

a) O que você imagina que pode ter acontecido a seguir com a turma de detetives?
b) Como estava a temperatura na quarta-feira? Qual palavra indica isso?
c) Se estivesse muito frio, que palavra poderia qualificar a quarta-feira?
d) A que substantivo as palavras **desesperado** e **exagerado** se referem no texto?
e) O que essas palavras expressam sobre a reação do pai do personagem naquela situação?
f) Você sabe o significado de **gatuno**? Consulte o dicionário e explique o significado dessa palavra no texto.
g) Observe a palavra **guloso**. A que substantivo ela se refere?
h) Qual é a função da palavra **guloso** no texto? Copie a resposta no caderno.
   - Opinar sobre o personagem.
   - Caracterizar o personagem.
i) O que você acha que aconteceu com os tomates do grande *chef* Tomatini?
j) Que outra característica você atribuiria ao gatuno, em lugar de **guloso**, de modo a manter o sentido do texto?

No trecho do livro *Os detetives do prédio azul,* várias palavras caracterizam os personagens e o dia em que ocorreu o roubo.

> As palavras que caracterizam os substantivos, particularizando-os, são denominadas **adjetivos**.

Classificação do adjetivo

Adjetivo simples e adjetivo composto

Leia os adjetivos destacados e agrupe-os de acordo com o número de palavras que compõe cada um.

gato **guloso** calça **azul-marinho** rapaz **bem-educado** grito **desesperado**

O adjetivo pode ser classificado em:
- **simples** – formado por uma única palavra. Exemplos: sonolento, exagerado;
- **composto** – formado por mais de uma palavra. Exemplos: cor-de-rosa, luso-brasileiro.

Adjetivo primitivo e adjetivo derivado

Agora, separe os adjetivos destacados em dois grupos: os que não se originam de outras palavras e os que são derivados de outras palavras.

menino **tristonho** criança **feliz** dia **calorento** noite **quente**

O adjetivo também pode ser classificado em:
- **primitivo** – não deriva de outras palavras. Exemplos: feliz, alto.
- **derivado** – origina-se de outras palavras. Exemplos: friorento, preguiçoso.

Adjetivo pátrio

Observe os adjetivos destacados e responda: Que sentido eles acrescentam ao substantivo?

comida **mineira** time **brasileiro** filme **argentino**

Os adjetivos **pátrios** indicam a nacionalidade, o estado, a cidade ou o local de origem do substantivo a que se referem.

Leia outros adjetivos pátrios a seguir.

Adjetivos pátrios	
Alemanha	alemão
Angola	angolano
Afeganistão	afegão
Áustria	austríaco
Bélgica	belga
China	chinês

2 Leia os títulos de romances de aventuras a seguir.

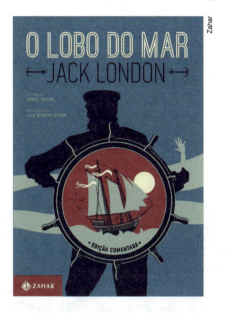

a) Quais elementos da capa dos livros caracterizam uma narrativa de aventura?

b) Nos títulos dos dois livros há um conjunto de palavras que caracterizam os substantivos **lobo** e **ilha**. Quais são esses conjuntos de palavras?

c) Como são formadas essas expressões? Copie no caderno a alternativa adequada.
- Por uma preposição e um adjetivo.
- Por uma preposição e um substantivo.
- Por uma preposição e um verbo.

> O conjunto de palavras que caracteriza o substantivo exercendo a função de adjetivo recebe o nome de **locução adjetiva**.

Veja a seguir algumas locuções adjetivas e os respectivos adjetivos.

Locução adjetiva	Adjetivo
de abdômen	abdominal
de boca	bucal ou oral
de boi	bovino
de açúcar	sacarino
de cabeça	capital ou cefálico
de advogado	advocatício
de cabelo	capilar
de água	hídrico ou aquático
de águia	aquilino
da alma	anímico
do campo	campesino ou campestre

ATIVIDADES

1. Leia a seguir a resenha de um filme.

   www1.folha.uol.com.br/ilustrada/2017/01/1846990-moana-e-a-mais-interessante-das-princesas-da-disney.shtml

   ## Moana é a mais interessante das princesas da Disney

   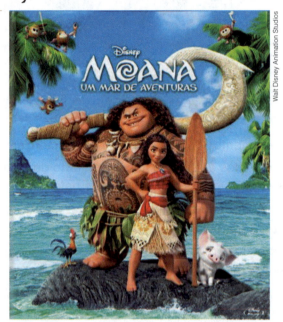

   A nova princesa da Disney é a primeira a rejeitar o rótulo de princesa. Voluntariosa, determinada, independente e autossuficiente, a protagonista de "*Moana – Um mar de aventuras*", que estreia nesta quinta (5) nos cinemas, foge do estereótipo de heroína presente na grande maioria das animações do estúdio.

   [...]

   Filha do chefe de uma tribo da Polinésia, Moana vive dividida entre corresponder ao desejo do pai de se tornar a próxima líder de Motu Nui e atender ao chamado do oceano.

   Para dar conta de tamanho conflito, ela tem a ajuda da avó. Quando descobre que sua ilha e seu povo estão ameaçados, a garota parte em uma empolgante aventura marítima.

   No caminho, Moana precisa encontrar Maui, um semideus pouco modesto, grandalhão, cabeludo e tatuado, que irá acompanhá-la nessa expedição mítica, repleta de perigos e paisagens exuberantes.

   Ao retratar a cultura, as lendas e os cenários da Polinésia, a Disney dispõe de um prato cheio para exibir o auge de sua capacidade técnica em animação. Do início ao fim, o filme impressiona pela qualidade visual, pela riqueza de detalhes e pela perfeição.

   [...] Humor, aventura, tensão e emoção embalam a saga da jovem navegadora e do parceiro grandalhão. Diversão garantida para crianças e adultos.

   [...]

   Marina Galeano. *Folha de S.Paulo*, 5 jan. 2017. Disponível em: <www1.folha.uol.com.br/ilustrada/2017/01/1846990-moana-e-a-mais-interessante-das-princesas-da-disney.shtml>. Acesso em: 25 jun. 2018.

   a) Como a animação é avaliada na resenha? Que argumentos justificam essa avaliação?
   b) Que adjetivos são usados no primeiro parágrafo para caracterizar Moana?
   c) Por que Moana é considerada a mais interessante das princesas da Disney?
   d) Como é descrito o parceiro de Moana?
   e) Releia o título da resenha. Qual é a função do adjetivo **interessante**: descrever a personagem ou expressar uma opinião? Justifique sua resposta.
   f) Observe a imagem de Moana e seu parceiro. Que outros adjetivos você usaria para caracterizá-los fisicamente?

Em dupla

2. Vocês viram que os adjetivos têm um papel importante na construção do clima de suspense em uma narrativa. Imagine que vocês estão escrevendo uma cena de suspense sobre um grupo de amigos que se perde em uma casa abandonada.

   a) Copie o texto no caderno e complete as lacunas com adjetivos que caracterizem os substantivos destacados.

   > Meus amigos e eu estávamos curiosos para saber quem teria vivido nessa casa abandonada. Resolvemos percorrer todos os cômodos e procurar algumas pistas. Depois de andar muito, chegamos ao porão da casa. O **silêncio** era ▒▒▒▒. Abrimos a porta com cuidado. O **lugar** era ▒▒▒▒ e ▒▒▒▒. Havia um **barulho** ▒▒▒▒ que vinha do cano. Nossos **passos** eram cada vez mais ▒▒▒▒. No fundo do porão, encontramos um **baú** ▒▒▒▒ e teias de ▒▒▒▒ nas paredes. De repente, ouvimos uma **voz** ▒▒▒▒. O que será que descobriremos nesse lugar?

   b) Converse com os colegas e o professor sobre a função dos adjetivos na cena que você e seu colega criaram.

3. Leia a tirinha.

Hagar, o Horrível, 24 nov. 2009. Disponível em: <https://planetatirinha.wordpress.com/category/hagar-o-horrivel/page/3/>. Acesso em: 25 jun. 2018.

   a) Helga usa adjetivos para descrever o marido. Que imagem de Hagar é destacada por esses adjetivos?
   b) Com que finalidade Helga se refere ao marido com esses adjetivos?
   c) Identifique no texto uma locução adjetiva e um adjetivo derivado que qualificam Hagar.

4. Relacione as locuções adjetivas aos adjetivos correspondentes.

   a) tratamento **de cabelo**
   b) olho **de gato**
   c) flor **do campo**
   d) cara **de anjo**
   e) reunião **do professor**
   f) espaço **da cidade**
   g) amizade **de irmão**
   h) energia **de vento**

   I. campestre
   II. angelical
   III. felino
   IV. capilar
   V. fraterno
   VI. urbano
   VII. eólica
   VIII. docente

47

5. Usando as cores dadas, crie adjetivos derivados para os substantivos a seguir.

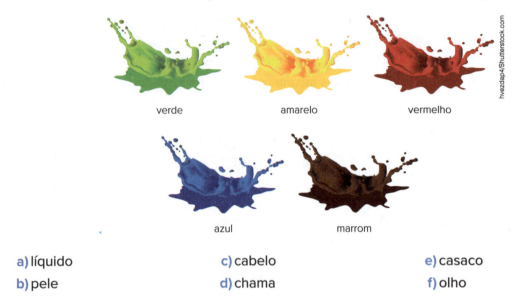

verde   amarelo   vermelho

azul   marrom

a) líquido
b) pele
c) cabelo
d) chama
e) casaco
f) olho

6. Indique o adjetivo que deu origem aos substantivos a seguir.

a) rapidez
b) miudeza
c) contentamento
d) leveza
e) alegria
f) beleza

7. Identifique a alternativa em que a correspondência entre a locução adjetiva e o adjetivo **está incorreta**.

a) glacial – de gelo; ósseo – de osso
b) fraternal – de irmão; de anjo – angelical
c) farináceo – de farinha; pétreo – de pedra
d) aquilino – de cavalo; ocular – de olho
e) digital – de dedo; sacarino – de açúcar

8. Em qual das duas orações a seguir a palavra destacada exerce a função de adjetivo? Justifique.

a) Os brasileiros são um povo alegre.
b) Os filmes brasileiros são premiados.

9. Leia as frases.

I. Júlia comprou para a mãe um vestido **amarelo-claro**.
II. Ele estava **feliz** porque vai viajar no final do ano.
III. O livro estava com as folhas **amareladas**.
IV. A comida **mineira** é muito saborosa.

a) Identifique a seguir a alternativa que apresenta a classificação correta dos adjetivos destacados nas frases.

- composto, pátrio, derivado, primitivo
- primitivo, composto, derivado, pátrio
- composto, primitivo, derivado, pátrio
- composto, derivado, primitivo, pátrio

CAPÍTULO 2

Neste capítulo, você vai ler o fragmento de um famoso romance de aventura e saber mais características do gênero textual narrativa de aventura. Na seção **Estudo da língua**, você vai recordar e ampliar seus conhecimentos sobre a flexão de substantivos e adjetivos.

Você lerá um trecho do romance de aventura *O mundo perdido*, de Arthur Conan Doyle, escritor inglês.

No início do século XX, em 1912, um grupo de exploradores ingleses decide fazer uma expedição à Amazônia, local praticamente inexplorado à época e objeto tanto de muita curiosidade quanto de muito mistério.

Conheça alguns dos personagens que participam da história.

- Edward Malone é um jornalista que decide buscar aventura ao ser desafiado pela mulher que ama, Gladys. Assim, ele se oferece como voluntário para verificar e, talvez, desmentir a história de um famoso explorador sobre a região amazônica, o professor Challenger.
- O professor George Challenger é um famoso zoólogo que, em uma expedição à América do Sul, fez incríveis descobertas na Amazônia. Mas ninguém acredita nele, já que ele não tem provas materiais.
- Summerlee é um professor de Anatomia Comparada que decide conferir de perto a história de Challenger.
- Lord John Roxton é um esportista e viajante que também se oferece como voluntário.

1. Converse com os colegas sobre as questões a seguir.

   a) As características desses personagens podem ser importantes para o desenvolvimento de uma narrativa de aventura? Por quê?

   b) O título do capítulo que você lerá é "Um pesadelo na floresta". Pelo que você sabe da Amazônia, quais poderiam ser os pesadelos a serem enfrentados no início do século XX?

Um pesadelo na floresta

[...]

Eu estava muito agitado para dormir. Summerlee era a sentinela de plantão, encolhido junto à árvore, com o fuzil atravessado sobre os joelhos. Lorde John dormia em silêncio, enrolado em um poncho sul-americano, e Challenger roncava pesadamente. "Que noite para um passeio", pensei. E, em seguida, me perguntei: "por que não?".

[...]

49

Peguei um fuzil e enchi meus bolsos de munição. Empurrei os arbustos espinhosos da porta do abrigo e deslizei para fora. Não cheguei a caminhar cem metros e me arrependi da decisão. Porém, como detesto parecer medroso, fui em frente. Se voltasse, teria vergonha de mim mesmo.

A floresta era ameaçadora. A densidade das folhas cobria todo o céu e não deixava passar um único raio de luar, a não ser nos galhos mais altos, que formavam uma silhueta contra a luz do céu claro e estrelado. À medida que meus olhos se acostumavam à escuridão, pude distinguir gradações nas sombras. Havia trechos de completa escuridão, parecendo entradas de cavernas, que me encheram de horror. Lembrei-me do urro desesperado do iguanodonte e do focinho sujo de sangue iluminado por lorde John. Eu estava no campo de caça daquela criatura. Tirei um cartucho do bolso e abri a culatra do fuzil. Ao tocar a alavanca do ferrolho, senti o coração bater descontrolado. Eu trouxera a espingarda de chumbo em vez do fuzil. Mais uma vez tive vontade de voltar, mas era tarde demais.

Se a escuridão da floresta era assustadora, a brancura da lua na clareira dos iguanodontes não intimidava menos. Examinei o local, oculto entre os arbustos. Naquela noite prateada, não percebi qualquer sinal de vida ali. Atravessei a clareira correndo e, do outro lado, voltei a encontrar o riacho. O ruído da água deslizando no leito lembrava o riacho de trutas em West Country, onde eu costumava pescar à noite, quando era menino. Se eu acompanhasse o fio de água, chegaria ao lago e poderia utilizá-lo também para voltar ao acampamento. Algumas vezes o perdi de vista devido à vegetação espessa, mas me mantive próximo do seu som.

> **GLOSSÁRIO**
>
> **Iguanodonte:** dinossauro que viveu na região do continente europeu há cerca de 130 milhões de anos. O iguanodonte (ou "dentes de iguana") era um dinossauro grande, chegando a 10 metros; sua cabeça era semelhante à de um cavalo e a boca, à de uma tartaruga. Tinha mais de cem dentes e era herbívoro, ou seja, alimentava-se de vegetais.
> **Sentinela:** indivíduo responsável por vigiar.
> **Silhueta:** perfil (ou contorno) de pessoa, animal ou objeto.
> **Urro:** grito ou rugido de animal grande ou feroz.

Quando passei ao largo do Pântano dos Pterodáctilos, uma daquelas criaturas levantou voo com o ruído seco de suas asas de couro. Tinha pelo menos seis metros de comprimento. Ao passar sob a lua, a luz atravessou sua pele fina e por alguns instantes ele parecia um esqueleto voador contra a branca radiação lunar. Permaneci escondido entre os arbustos até que ele pousasse novamente. Um único grito dele atrairia a atenção de centenas de seus repulsivos companheiros.

[...]

Já passava das duas e meia e eu precisava voltar. Não havia problema com o rumo a seguir, bastava continuar riacho acima. [...]

Subi a encosta de volta e num ponto que devia ser a metade do caminho minha atenção foi despertada por um ruído estranho às minhas costas. Era uma mistura de ronco e rosnado. Tratei de acelerar o passo e já havia andado mais de um quilômetro quando o som retornou, agora muito mais próximo. Não sei que animal era aquele, mas estava atrás de mim. Minha pele ficou fria e todos os pelos do meu corpo se eriçaram. Que aqueles grandalhões se despedaçassem entre si, fazia parte da sobrevivência, mas perseguir um homem era chocante. [...] Parei com as pernas trêmulas, mas tudo estava quieto.

Fiquei imóvel, como se estivesse paralisado. Foi quando o enxerguei. Uma enorme sombra escura deixou o lado oposto da clareira por onde eu havia acabado de passar. Parecia um canguru enorme e poderoso. Mantinha as patas junto ao corpo e, apesar do tamanho, saltava com facilidade. Torci para que fosse um iguanodonte, que parecia inofensivo, mas percebi que meu perseguidor não era vegetariano. Seu grito agressivo me deu a certeza de que era um dos grandes dinossauros carnívoros. Ele farejava meu rastro.

Minha única salvação era a fuga. Na corrida, atravessei uma trilha transversal ao riacho e desviei por ela ainda em disparada. Por ali eu tinha chance. A trilha era um corredor livre de obstáculos e eu estava em muito boa forma. Atirei a espingarda longe e me preparei para bater um novo recorde pessoal de corrida de oitocentos metros. Parei quando não podia mais mover um músculo e julguei que havia escapado de meu perseguidor. Estava enganado. Um baque de madeira caindo e um arfar metálico de pulmões foram os sinais de que ele não desistira. Eu estava perdido. Ele estava me caçando pelo faro, mas avistou-me quando comecei a correr na trilha.

A luz da lua refletia-se nos dentes brancos e nos olhos escancarados que me perseguiam. Corri como um louco, mas ele estava logo atrás de mim. Senti suas patas estendendo-se em minha direção e então houve um estrondo. Caí no vazio e tudo se tornou escuridão e paz.

Quando saí da inconsciência, senti o cheiro horroroso do lugar. No escuro, estendi a mão e tive a sensação de tocar um pedaço de carne. Acima de mim havia um círculo de céu estrelado e então compreendi que havia caído num buraco. [...]

GLOSSÁRIO

Eriçar: tornar arrepiado.

Arthur Conan Doyle. *O mundo perdido*. São Paulo: Scipione, 2001. p. 79-84.

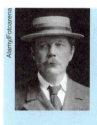

Arthur Conan Doyle (1859-1930) foi um escritor escocês que se tornou célebre por ter criado Sherlock Holmes, um dos mais famosos detetives da literatura policial. Sua obra literária foi além, com a produção de romances históricos. Doyle formou-se em Medicina e foi oficial médico do exército britânico. Depois de uma aposentadoria precoce por causa de um ferimento de guerra, dedicou-se à literatura. Na obra *O mundo perdido*, ele traz uma visão europeia da América do Sul, até então pouco explorada. Muito do que se ouvia sobre nosso continente era baseado em histórias de viajantes, lendas e suposições. A descrição que ele faz da América se mistura com o que viu na África do Sul e provavelmente do que leu em relatos de outros viajantes.

ESTUDO DO TEXTO

Apreciação

1. Você gostou da aventura lida neste capítulo? Por quê?
2. Como a Amazônia foi retratada nessa aventura?
3. A Amazônia é, ainda hoje, um lugar propício para aventuras? Por quê?

Interpretação

1. Releia o início do texto.

> Eu estava muito agitado para dormir. Summerlee era a sentinela de plantão, encolhido junto à árvore, com o fuzil atravessado sobre os joelhos. Lorde John dormia em silêncio, enrolado em um poncho sul-americano, e Challenger roncava pesadamente. "Que noite para um passeio", pensei. E, em seguida, me perguntei: "por que não?".

   a) Quem conta essa aventura, isto é, quem é o narrador?
   b) Que palavras nesse trecho indicam que o narrador é também personagem da história?

2. Relacione a característica (à direita) à ação do personagem (à esquerda).
   a) Ele decide fazer um passeio de madrugada, sozinho.   I. coragem
   b) Ele está com a arma errada, mas decide continuar.   II. medo
   c) Precisa atravessar o campo de caça de dinossauros carnívoros.   III. negligência
   d) Foge de um dinossauro carnívoro.   IV. precaução

3. O cenário, o lugar em que a história se desenvolve, é um fator importante na narrativa de aventura. Do quarto parágrafo até o sexto, o narrador descreve parte do cenário. Que perigos esse lugar apresenta para o personagem?

4. O narrador afirma que a floresta era assustadora. Que aspectos desse lugar, em princípio, reforçam essa afirmação?

5. Por que o narrador fica horrorizado ao perceber seu engano sobre a arma?

Linguagem

Releia os trechos do terceiro e quarto parágrafos e responda às atividades **1** a **3**.

> A floresta era ameaçadora. A densidade das folhas cobria todo o céu e não deixava passar um único raio de luar, a não ser nos galhos mais altos, que formavam uma silhueta contra a luz do céu claro e estrelado. [...]
> Se a escuridão da floresta era assustadora, a brancura da lua na clareira dos iguanodontes não intimidava menos. [...]

1. Que palavras e frases utilizadas na descrição ressaltam o temor do narrador?

2. Que palavras e frases destacam a beleza e a grandiosidade do lugar?

3. A descrição é um elemento muito importante na narrativa de aventura, seja para criar suspense, seja para apresentar ao leitor os cenários e os personagens. A partir do sétimo parágrafo, o autor criou suspense por meio da descrição.

   a) Como o narrador descreve o que pressentiu às suas costas?

   b) Como ele descreve suas sensações ao perceber algo às suas costas, apresentadas por meio dos cinco sentidos:
      - audição – o que ouviu?
      - tato – o que sentiu na pele?
      - olfato – que cheiros sentiu?
      - visão – o que viu?

4. Compare estes dois trechos. O primeiro foi retirado do texto; o segundo, adaptado dele.

   Trecho 1

   Uma enorme sombra escura deixou o lado oposto da clareira por onde eu havia acabado de passar. Parecia um canguru enorme e poderoso. Mantinha as patas dianteiras junto ao corpo e, apesar do tamanho, saltava com facilidade.

   Trecho 2

   Um enorme tiranossauro deixou o lado oposto da clareira e saltou onde eu havia acabado de passar.

   a) O que diferencia esses dois textos na forma de apresentar o dinossauro?

   b) Em sua opinião, que efeito a descrição do Trecho 1 provoca no leitor?

   c) Qual dos dois trechos é mais adequado para provocar suspense?

O QUE APRENDEMOS COM O ESTUDO DE NARRATIVA DE AVENTURA

- A história apresenta um herói (ou grupo) em situações inusitadas, diante de imprevistos, enfrentando perigos desconhecidos.
- Os heróis de narrativas de aventura, em geral, demonstram coragem para enfrentar os perigos a que são expostos.
- O cenário – lugar em que se desenvolve a história – é um elemento importante. Geralmente é um lugar desconhecido, cheio de perigos e desafios.
- As descrições colaboram para que o leitor conheça o cenário e acompanhe os perigos do lugar.
- Nessas descrições, são usados adjetivos e locuções adjetivas.
- O suspense é uma forma de manter a atenção do leitor. Na criação do suspense, os fatos são apresentados aos poucos para manter o leitor na expectativa.

53

ESTUDO DA LÍNGUA

O substantivo e o adjetivo variam

Você estudou duas classes de palavras – o substantivo e o adjetivo – que têm um papel importante na apresentação de personagens e cenários, entre outras funções. Agora, vamos ver de que forma essas classes de palavras variam.

Variação do substantivo

1. Leia a sinopse do filme *As aventuras de Tadeo 2 – O segredo do rei Midas*.

Tadeo, pedreiro e aspirante a arqueólogo, é muito aventureiro e sempre se mete em grandes aventuras. Quando ele descobre que o colar do rei Midas, que transformava tudo que tocava em ouro, existiu de verdade, ele logo sai numa jornada com seus amigos rumo a Los Angeles. Mas um problema surge quando Sara, uma de suas amigas, desaparece misteriosamente.

Disponível em: <www.adorocinema.com/filmes/filme-213964/>. Acesso em: 25 jun. 2018.

a) Que substantivos são usados para descrever a profissão de Tadeo?

b) Se essas palavras estivessem se referindo a uma mulher, como ficariam os substantivos que indicam a profissão de Tadeo?

c) Se os substantivos que indicam a profissão de Tadeo se referissem a mais de uma pessoa, como eles seriam escritos?

d) Que recurso você usou para indicar o plural desses substantivos?

> Na sinopse, os substantivos indicam a profissão do personagem. Essa classe de palavras varia em gênero (feminino, masculino) e número (singular, plural).

Veremos a seguir que o substantivo pode variar também em grau (aumentativo e diminutivo).

54

Gênero do substantivo

Quanto ao gênero, os substantivos podem variar em masculinos ou femininos e são classificados em:

- biformes, que apresentam uma forma para cada gênero;
- uniformes, que apresentam uma única forma para o masculino e para o feminino.

1. Copie o quadro no caderno e complete-o com os substantivos biformes.

Gênero masculino	Gênero feminino
amigo	
	mãe
cavalo	
	cidadã
ator	

2. Organize os substantivos uniformes do quadro a seguir em três grupos, de acordo com a forma pela qual indicam o gênero.

> artista   criança   jacaré
> pessoa   jornalista
> tartaruga   líder   testemunha

I. Apresenta uma só forma e, para determinar o gênero, usa-se artigo feminino ou masculino.
II. Para diferenciar o gênero do animal, utilizam-se os termos **macho** ou **fêmea**.
III. São nomes de um só gênero e são usados tanto para o masculino quanto para o feminino.

Número do substantivo

Quanto ao número, os substantivos podem estar no **singular** (referem-se a um único ser) ou no **plural** (referem-se a mais de um ser).

1. Leia os substantivos que aparecem no cartaz do filme: **rapazes** e **pinguins**.
   - Explique como foi formado o plural dos substantivos **rapaz** e **pinguim**.

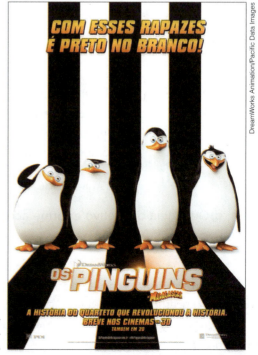

Disponível em: <www.cineclick.com.br/criticas/os-pinguins-de-madagascar>. Acesso em: 25 jun. 2018.

Veja, a seguir, como formar o plural dos substantivos.

Tipo de plural	Onde se aplica	Exemplos
Plural em –s	Substantivos terminados em vogal.	bola → bola**s** café → café**s** guri → guri**s**
Plural em –ns	Substantivos terminados em **-m**.	pinguim → pingui**ns**
Plural em –es	Substantivos terminados em consoantes **-r**, **-s** ou **-z**.	calor → calor**es** rapaz → rapaz**es** país → país**es**
Plural em –is	Substantivos terminados em **-al**, **-el**, **-ol** ou **-ul**.	varal → vara**is** papel → papé**is** farol → faró**is** azul → azu**is**
Plural em –is ou –eis	Quando os substantivos terminados em **-il** são oxítonos, devemos trocar o **-il** por **-s**. Quando os substantivos terminados em **-il** são paroxítonos, devemos trocar o **-il** por **-eis**.	barril → barr**is** funil → fun**is** réptil → répt**eis**
Plural em –ãos, –ães, –ões	Substantivos terminados em **-ão** formam o plural de três modos.	**-ãos**: chão → ch**ãos** **-ães**: pão → p**ães** **-ões**: balão → bal**ões**
Outros	Há também palavras que apresentam uma única forma para o plural e para o singular.	o lápis → os lápis o ônibus → os ônibus o pires → os pires a íris → as íris

Grau do substantivo

1. Releia outro trecho da narrativa de aventura.

> Fiquei imóvel, como se estivesse paralisado. Foi quando o enxerguei. Uma enorme sombra escura deixou o lado oposto da clareira por onde eu havia acabado de passar. Parecia um canguru enorme e poderoso.

Arthur Conan Doyle. *O mundo perdido*. São Paulo: Scipione, 2001. p. 79-84.

a) Que ideia o adjetivo **enorme** acrescenta aos substantivos **sombra** e **canguru**?

b) Como ficaria o substantivo **canguru** na forma aumentativa? E na forma diminutiva?

Na língua portuguesa, os substantivos podem se apresentar na forma normal (**sombra**), no diminutivo (**sombrinha**) e no aumentativo (**sombrona**). Além do acréscimo da terminação, outra forma de indicar o grau do substantivo é o acréscimo de um adjetivo: **sombra pequena**, **sombra enorme**.

As formas aumentativas e diminutivas dos substantivos podem indicar outros sentidos, além de tamanho.

2. Leia o título e a frase e responda às questões.

Cinespaço, 12 jun. 2015. Disponível em: <http://cinespaco.com.br/noticia/1422-5-bons-motivos-para-ver-%22Jurassic-World%22.html>. Acesso em: 25 jun. 2018.

a) Que sentido a terminação **-aço** acrescenta ao substantivo **filme**?

b) Se o subtítulo usasse a palavra **filminho**, que sentido seria acrescentado ao substantivo?

As formas aumentativas e diminutivas podem expressar também ideia de carinho (**amigona, mãezinha**) ou de sentido negativo (**timeco**).

Variação do adjetivo

1. Leia a tirinha.

PEDRO C. *Folha de S.Paulo,* 5 jan. 2013. Disponível em: <www1.folha.uol.com.br/ilustrada/cartum/cartunssemanais/folhinha/#5/1/2013>. Acesso em: 25 jun. 2018.

a) Qual é a importância da jaqueta para a imagem do personagem?

b) O personagem apresenta vantagens e desvantagens do uso da jaqueta. Quais são elas?

c) No dicionário, procure um sinônimo para o adjetivo **crucial**. Que palavra pode substituir o adjetivo **crucial** mantendo o mesmo significado da tirinha?

d) A que substantivo o adjetivo **crucial** está relacionado?

e) Se o adjetivo **crucial** estivesse relacionado ao substantivo **roupa**, ele seria alterado?

f) Se os adjetivos **estilosa** e **maneirona** se referissem ao substantivo **casaco**, como eles seriam escritos?

g) Qual é o sentido do adjetivo **bonitão** na tirinha?

h) Como ficariam os adjetivos **crucial, estilosa** e **bonitão** se estivessem se referindo a mais de um objeto ou pessoa?

Os adjetivos variam em **gênero** (feminino e masculino), **número** (singular e plural) e **grau** (comparativo e superlativo).

57

Gênero do adjetivo

Observe que o adjetivo pode variar de forma de acordo com o gênero do substantivo.

jaqueta (substantivo feminino) **preta** (adjetivo feminino)

carro (substantivo masculino) **preto** (adjetivo masculino)

Alguns adjetivos apresentam a mesma forma para os dois gêneros.

acessório (substantivo masculino) **crucial** (adjetivo)

solução (substantivo feminino) **crucial** (adjetivo)

1. No caderno, copie e complete a tabela com os exemplos a seguir.

a) jaqueta **colorida**
b) mulher **inteligente**
c) homem **inteligente**
d) casa **simples**
e) cartaz **colorido**
f) menino **alto**
g) menina **alta**
h) homem **simples**

Classificação dos adjetivos quanto ao gênero	Exemplos
Biformes Têm duas formas: uma para o masculino e outra para o feminino.	
Uniformes Têm a mesma forma para o feminino e para o masculino.	

Número do adjetivo

1. Releia agora o segundo quadro da tirinha.

a) Um dos adjetivos utilizados pelo personagem é uma gíria. Qual é esse adjetivo e o que ele significa?

b) Se o personagem estivesse se referindo a duas jaquetas, como ficariam os adjetivos?

Os adjetivos, em geral, variam em número – singular ou plural – concordando com a palavra a que se referem. Exemplos:
- jaqueta **preta**; jaquetas **pretas**;
- casaco **preto**; casacos **pretos**.

Grau do adjetivo

1. Leia o título de uma reportagem:

Observador, 5 jan. 2015. Disponível em: <http://observador.pt/2015/01/05/os-tablets-e-smartphones-sao-piores-que-televisao-para-o-sono-das-criancas>. Acesso em: 25 jun. 2018.

a) No título, há uma comparação entre os *tablets* e os *smartphones* e a televisão. Que adjetivo expressa essa comparação?

b) Que sentido esse adjetivo acrescenta ao título?

c) Como ficaria o título da reportagem se os três objetos fossem considerados ruins para o sono das crianças?

> Os adjetivos variam, também, em grau: **comparativo** (quando se compara uma característica ou qualidade de um substantivo com a de outro substantivo) e **superlativo**.

Veja como é formado o grau **comparativo** do adjetivo.

Grau comparativo	
igualdade	Os *tablets* são **tão prejudiciais quanto** os celulares.
superioridade	Os *tablets* são **mais prejudiciais do que** a televisão.
inferioridade	A **televisão** é **menos prejudicial do que** os celulares.
superioridade	Os **celulares** são **mais prejudiciais do que** a televisão.

Alguns adjetivos têm uma forma especial para expressar o comparativo de superioridade: **melhor**, **pior**, **maior** e **menor** são usados para expressar superioridade dos adjetivos **bom**, **mau**, **grande** e **pequeno**.

Veja o exemplo:

Os *tablets* são **piores** do que a televisão.

O grau superlativo intensifica a qualidade de um termo ao ressaltar a qualidade de um em relação a outros termos.

Veja os exemplos:

O *tablet* é o **mais** prejudicial (de todos).
O *tablet* é o **menos** prejudicial (de todos).

O grau **superlativo** pode também expressar a qualidade de um termo sem comparação com outro.

Veja os exemplos:

As crianças ficam **muito distraídas** com a televisão.
As crianças ficam **distraidíssimas** com a televisão.

ATIVIDADES

1. Você já conhece o livro *As aventuras de Tom Sawyer*, do escritor Mark Twain? Leia o resumo da história e conheça um dos principais personagens da literatura infantojuvenil mundial.

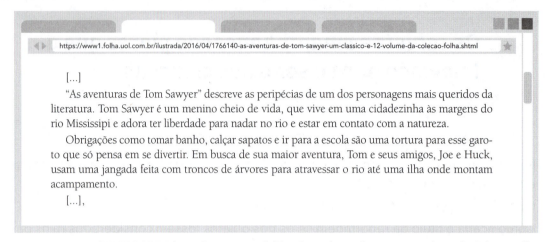

[...]
"As aventuras de Tom Sawyer" descreve as peripécias de um dos personagens mais queridos da literatura. Tom Sawyer é um menino cheio de vida, que vive em uma cidadezinha às margens do rio Mississipi e adora ter liberdade para nadar no rio e estar em contato com a natureza.
Obrigações como tomar banho, calçar sapatos e ir para a escola são uma tortura para esse garoto que só pensa em se divertir. Em busca de sua maior aventura, Tom e seus amigos, Joe e Huck, usam uma jangada feita com troncos de árvores para atravessar o rio até uma ilha onde montam acampamento.
[...],

CALDERARI, Juliana. 'As aventuras de Tom Sawyer', um clássico, é 12º volume da Coleção Folha. *Folha de S.Paulo*, 30 abr. 2016. Disponível em: <www1.folha.uol.com.br/ilustrada/2016/04/1766140-as-aventuras-de-tom-sawyer-um-classico-e-12-volume-da-colecao-folha.shtml>. Acesso em: 5 jul. 2019.

a) Quais são as principais características de Tom Sawyer?

b) Quais dos adjetivos a seguir podem ser usados para caracterizar o garoto? Copie-os no caderno.

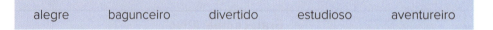

alegre   bagunceiro   divertido   estudioso   aventureiro

c) O menino vive em uma **cidadezinha**. O que essa palavra indica sobre o lugar em que ele mora?

d) Copie as frases no caderno completando-as com adjetivos.
- Tom vive suas * aventuras com seus amigos. (bom – comparativo de superioridade)
- A liberdade do personagem é * do que a de outros garotos. (grande – comparativo de superioridade)

e) Tom Sawyer é um dos personagens mais queridos da literatura. Você tem um personagem predileto? Quem é ele?

2. Explique os sentidos do uso do aumentativo nos substantivos destacados nos títulos de notícias.

Título I

Brasil Sub-17 empata com Inglaterra em **jogaço** nos EUA

CBF, 30 nov. 2014. Disponível em: <http://selecao.cbf.com.br/noticias/selecao-base-masculina/brasil-sub-17-empata-com-inglaterra-em-jogaco-nos-eua#.VMvBUmjF8uo>. Acesso em: 25 jun. 2018.

Título II

Seis dicas para enfrentar o **calorão**

O *Globo*. Disponível em: <http://oglobo.globo.com/rio/verao/seis-dicas-para-enfrentar-calorao-15111131>. Acesso em: 25 jun. 2018.

3. Leia o texto e complete as orações de acordo com as informações do texto.

Mundo estranho, 18 abr. 2011. Disponível em: <https://mundoestranho.abril.com.br/ciencia/qual-e-o-fossil-humano-mais-antigo>. Acesso em: 25 jun. 2018.

a) Lucy é * antiga do que a criatura encontrada no Quênia. (mais/menos)

b) A criatura encontrada no Quênia é * famosa do que Lucy. (mais/menos)

c) O fóssil de Lucy é *. (antigo – grau superlativo)

4. Leia a tirinha.

Fernando Gonsales.

a) A solução oferecida pelo médico parece resolver o problema do personagem? Por quê?

b) Por que o médico apresentou essa solução?

c) Que sentido o aumentativo **lindão** acrescenta ao adjetivo **lindo**?

d) Se o personagem fosse uma "monstra", como o adjetivo **lindão** seria flexionado?

e) Se o personagem usasse o adjetivo **lindão** para se referir a todas as cabeças, como ele seria flexionado?

5. Complete as frases a seguir, substituindo ▲ pelo adjetivo no grau indicado.

a) O ônibus é ▲ o carro. (econômico – grau comparativo de superioridade)

b) O avião é ▲. (útil – grau superlativo absoluto sintético)

c) A moto é ▲ a bicicleta. (necessário – grau comparativo de superioridade)

d) A bicicleta é ▲ a moto. (poluente – grau comparativo de inferioridade)

Narrativa de aventura com suspense

Para começar

Você estudou que o suspense é um dos elementos da narrativa de aventura. Agora, você e um colega elaborarão um pequeno trecho de narrativa de aventura com suspense. Nesta proposta, vocês continuarão o trecho da história de aventura *O mundo perdido*, apresentada no Capítulo 2.

Depois lerão suas sequências para os colegas em uma **roda de suspense**. Após as apresentações, discutirão as apresentações e indicarão as sequências que criaram mais expectativa nos leitores.

Planejar

Antes de começar a produção, você pode assistir a *trailers* de filmes de aventura e reconhecer os recursos usados no cinema para a construção do suspense. Isso o ajudará na hora de criar a história.

Planejem o texto levando em conta que:

- deve ser empregada a 1ª pessoa;
- as emoções e as sensações do narrador-personagem devem ser descritas, preferencialmente, remetendo aos cinco sentidos;
- o texto deve apresentar suspense e criar expectativa no leitor;
- devem ser utilizados adjetivos e locuções adjetivas nas descrições de cenários e personagens;
- as descrições não devem se limitar aos aspectos físicos. Quais são as emoções e as sensações do narrador-personagem diante do cenário e dos perigos?

Vamos relembrar a situação em que o narrador-personagem estava. Para isso, releiam os últimos dois parágrafos do trecho.

> A luz da lua refletia-se nos dentes brancos e nos olhos escancarados que me perseguiam. Corri como um louco, mas ele estava logo atrás de mim. Senti suas patas estendendo-se em minha direção e então houve um estrondo. Caí no vazio e tudo se tornou escuridão e paz.
>
> Quando saí da inconsciência, senti o cheiro horroroso do lugar. No escuro, estendi a mão e tive a sensação de tocar um pedaço de carne. Acima de mim havia um círculo de céu estrelado e então compreendi que havia caído num buraco. [...]

O narrador provavelmente saiu do buraco, já que é o personagem que conta a história e, logo no início, afirma que "A recordação dela [da experiência terrível] ainda me provoca apertos no coração".

Desenvolver

Desenvolvam uma continuação para o texto mostrando o que pode ter acontecido ao narrador-personagem.

Lembrem-se de que o leitor vê o cenário pelos olhos do narrador-personagem. E não se esqueçam de que é madrugada e o narrador tem uma longa caminhada até o acampamento.

Revisar e editar

1. Troquem seu texto com o de outra dupla. Orientem-se pelas questões a seguir para comentar o texto dos colegas.
   - O texto foi escrito em 1ª pessoa, com narrador-personagem?
   - Há descrição de emoções e sensações do narrador-personagem pelos cinco sentidos?
   - Há suspense no texto? Ele deixa o leitor na expectativa?
   - Foram utilizados adjetivos e locuções adjetivas para criar as sequências descritivas?
   - O que poderia ser melhorado?
2. Anotem suas sugestões em uma folha à parte para apresentar aos colegas.
3. Escutem atentamente os comentários deles. Anotem o que for necessário.
4. Entreguem o texto ao professor para que ele também dê algumas dicas para a reformulação.
5. Recebam seu texto de volta e, juntos, reescrevam-no.

Compartilhar

1. Em dia previamente combinado com o professor, organizem a roda de suspense. Se possível, convide colegas de outras turmas para participar.
2. Leia sua sequência com a entonação adequada, a fim de ajudar a provocar suspense para os colegas, e ouça as deles.
3. Após as leituras, discutam: Em quais sequências havia mais suspense? Quais prenderam mais a atenção do leitor?

DICAS

ACESSE

Google Maps na Amazônia. O Google Maps fez mais de 50 mil fotografias em uma área de 50 quilômetros quadrados da Reserva do Rio Negro, unidade de preservação ambiental próxima a Manaus, e transformou tudo em um mapa de 360 graus. Ao clicar em um dos *links*, é possível visitar os lugares virtualmente e ter uma visão geral com fotografia de satélite.

Rio Negro: disponível em: <www.google.com/maps/@-3.0328005,-60.5506028,3a,75y,145.85h,84.12t/data=!3m6!1e1!3m4!1sq2TZ5Dr1k-qmu81ubsOstQ!2e0!7i13312!8i6656>. Acesso em: 6 jul. 2018.

LEIA

A volta ao mundo em 80 dias, de Júlio Verne (L&PM). O inglês Phileas Fogg faz uma aposta com os amigos: conseguirá dar a volta ao mundo em 80 dias? Acompanhado do fiel empregado Jean Passepartout, ele parte para essa aventura enfrentando todos os desafios que aparecem com os recursos tecnológicos da época.

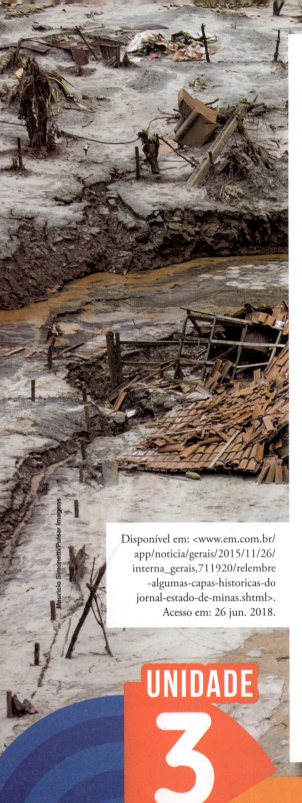

Disponível em: <www.em.com.br/app/noticia/gerais/2015/11/26/interna_gerais,711920/relembre-algumas-capas-historicas-do-jornal-estado-de-minas.shtml>. Acesso em: 26 jun. 2018.

UNIDADE 3

Notícias: jornalismo em ação

NESTA UNIDADE
VOCÊ VAI:

- ler notícias e analisar as características desse gênero textual;
- estudar pronomes pessoais e de tratamento;
- criar notícias para compor um jornal mural;
- estudar verbo, suas conjugações e suas flexões;
- produzir um telejornal.

↑ Subdistrito de Paracatu de Baixo, município de Mariana, às margens do Rio Gualaxo do Norte, afluente do Rio Doce, em dezembro de 2015.

Essa é a capa de um jornal impresso sobre uma tragédia ambiental no município de Mariana, em Minas Gerais.

1. O que mais chama a atenção nessa capa?
2. A manchete é o título que mais se destaca na página. Qual é a relação entre a fotografia e a manchete?
3. Um *tsunami* é o fenômeno provocado pelo deslocamento de um grande volume de água, geralmente do oceano. Por que essa palavra foi utilizada na manchete?

CAPÍTULO 1

Neste capítulo, você vai ler algumas notícias e conhecer características desse gênero textual. Vai retomar o estudo dos pronomes pessoais e de tratamento e ampliar seu conhecimento sobre o assunto, além de produzir um telejornal.

ANTES DE LER

O que está acontecendo em seu bairro, sua cidade, seu país e no mundo? Enquanto você pensa sobre essas perguntas, muitos fatos estão ocorrendo. Veja alguns meios pelos quais podemos nos informar sobre os acontecimentos.

↑ Portal de notícias na internet.

↑ Aplicativo de notícias no *smartphone*.

↑ Jornal impresso.

↑ Noticiário televisivo.

1. Qual foi o último acontecimento mundial de que você ficou sabendo? E de seu país ou de sua cidade? Você utilizou algum dos meios apresentados acima para se informar?

2. Relate aos colegas uma notícia recente de que tenha tomado conhecimento.

3. Como você escolhe uma notícia para ler? O que, geralmente, chama sua atenção?

4. Você, provavelmente, sabe o que é uma notícia. Converse com os colegas sobre o que vocês sabem sobre esse gênero textual.

LEITURA

1. Você lerá uma notícia sobre ciência. Você costuma ler, ver ou ouvir notícias sobre esse tema?

2. O que você sabe sobre satélites?

3. A notícia trata do envio de uma sonda, a Tess, ao espaço. Você já teve alguma informação sobre essa sonda? Leia a notícia e saiba mais informações sobre ela.

4. Observe a reprodução da página do portal de notícias *O Estado de S. Paulo* (*Estadão*), no qual foi publicada a notícia que você lerá. Alguns campos foram numerados.

Fábio de Castro. *O Estado de S. Paulo*, 18 abr. 2018. Disponível em: <http://ciencia.estadao.com.br/noticias/geral,nasa-coloca-em-orbita-nave-cacadora-de-exoplanetas,70002271031>. Acesso em: 26 jun. 2018.

- Relacione, no caderno, os campos numerados às afirmações a seguir.
  a) Sugestão para seguir o portal numa rede social.
  b) Endereço eletrônico que digitamos para acessar o portal.
  c) *Links* para compartilhar a notícia em diferentes redes sociais.
  d) Nome do portal, da seção e chamadas para novas notícias.
  e) Título da notícia.
  f) Propaganda sobre o portal de notícias.
  g) Chamada para novos assinantes do jornal.

5. Com base no título, de qual assunto você imagina que trata a notícia?

6. Agora leia a notícia nas páginas seguintes.

https://ciencia.estadao.com.br/noticias/geral,nasa-coloca-em-orbita-nave-cacadora-de-exoplanetas,70002271031

Nasa coloca em órbita nave 'caçadora' de exoplanetas

Sonda Tess terá a missão de vasculhar o céu em busca de planetas habitáveis em torno de estrelas perto da Terra

Fábio de Castro, O Estado de S.Paulo
18 abril 2018 | 20h42

SÃO PAULO – Depois do adiamento por dois dias, a **Agência Espacial Americana (Nasa, na sigla em inglês)** lançou nesta quarta-feira, 18, o Satélite de Levantamento de Exoplanetas em Trânsito (Tess, na sigla em inglês), uma espaçonave especialmente dedicada à busca de exoplanetas – como são chamados os planetas que ficam fora do **Sistema Solar**. O lançamento foi realizado às 19h51 (horário de Brasília), na **Flórida**, nos Estados Unidos.

Tess. O lançamento foi realizado às 19h51 (horário de Brasília), na Flórida, nos Estados Unidos.

+++ Cientistas lançam nave que vai intensificar busca por planetas habitáveis

O foguete Falcon 9, da empresa espacial privada SpaceX, enviou a Tess para uma órbita entre a Lua e a Terra. A nave passará pelo menos dois anos vasculhando o céu à procura de outros planetas e determinar se algum deles tem a possibilidade de abrigar vida, de acordo com os cientistas da Nasa.

+++ Nasa acerta últimos detalhes de missão que irá explorar interior de Marte

GLOSSÁRIO

Vasculhar: procurar ou examinar minuciosamente.

Com o custo de US$ 200 milhões, a Tess substituirá o telescópio espacial Kepler, que está em operação desde 2009 e descobriu mais de 4,5 mil planetas em órbita em torno de estrelas distantes. Ao contrário do Kepler, cuja vida útil está chegando ao fim, a Tess terá a missão de procurar exoplanetas em estrelas mais próximas da Terra. Os cientistas estimam que a nave possa descobrir até 20 mil novos mundos.

+++ A história do físico que foi de Minas a Marte

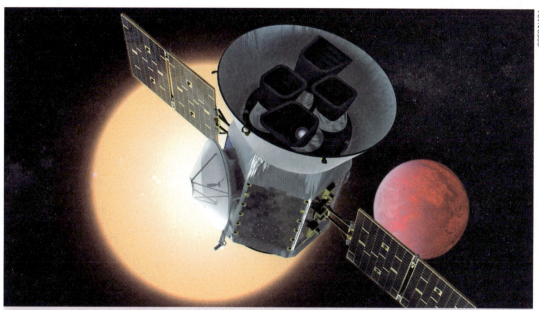

Os cientistas estimam que a nave Tess possa descobrir até 20 mil novos mundos.

Na busca por exoplanetas, a Tess utiliza o mesmo método adotado pelo Kepler. Na órbita da Terra, as câmeras desses instrumentos observam o céu em inúmeras direções, medindo o brilho das estrelas. Quando há um planeta na órbita de uma estrela, sua passagem diante dela causa uma redução minúscula de seu brilho – que os cientistas chamam de "trânsito".

Assim como ocorre com o Kepler, quando os instrumentos extremamente sensíveis da Tess detectarem um trânsito diante de uma estrela, ela será "marcada" para que os astrônomos possam analisá-la individualmente e decidir se ali há mesmo um candidato a exoplaneta.

Dos mais de 4,5 mil candidatos a exoplanetas identificados pelo Kepler, mais de 2,3 mil já foram confirmados. O Kepler, porém, tem seu foco fixado em uma porção do céu e aprofunda as buscas naquele trecho, encontrando planetas em distâncias imensas.

Segundo a Nasa, a órbita escolhida para a Tess, extremamente elíptica, é inédita e nunca foi tentada antes.

A Tess, por outro lado, buscará por estrelas de 30 a 100 vezes mais brilhantes do que as observadas pelo Kepler, em uma área muito maior. A nave passará cerca de um mês com o foco em cada trecho do céu. A ideia é encontrar exoplanetas em estrelas mais próximas, que depois possam ser estudadas a fundo por telescópios localizados na Terra.

Segundo a Nasa, a órbita escolhida para a Tess, extremamente elíptica, é inédita e nunca foi tentada antes. Em sua trajetória, a nave irá tão longe como a Lua para observar os planetas e voltará para as proximidades da Terra para enviar os dados de volta. Cada órbita será completada em aproximadamente 14 dias.

Fábio de Castro. *O Estado de S. Paulo*, 18 abr. 2018. Disponível em: <http://ciencia.estadao.com.br/noticias/geral,nasa-coloca-em-orbita-nave-cacadora-de-exoplanetas,70002271031>. Acesso em: 26 jun. 2018.

ESTUDO DO TEXTO

Apreciação

1. Antes de ler a notícia, você pensou em uma hipótese sobre o assunto tratado. Sua hipótese se confirmou?

2. Sobre o assunto do texto, você acredita que existam outros planetas como a Terra, isto é, habitados? Considera importante descobrir exoplanetas (planetas fora de nosso Sistema Solar)? Por quê?

3. Qual é a função das frases em **azul** que aparecem depois dos sinais **+++**? Converse com os colegas sobre as afirmações a seguir no caderno, escreva V para as afirmações verdadeiras e F para as falsas.

   a) Os sinais **+++** são símbolos que marcam alguns itens de uma lista.

   b) As frases são títulos de textos jornalísticos relacionados ao assunto.

   c) Os sinais **+++** indicam que naquelas frases há mais informações em outros textos.

   d) Clicando na frase azul, o leitor é levado para outro texto.

   e) As frases apresentam conquistas espaciais que não foram bem-sucedidas.

4. Na notícia há outras palavras e frases em **azul**. Qual é a função delas num texto da internet?

5. Ao serem publicadas num *site*, as notícias podem receber comentários de seus leitores. Observe um desses comentários.

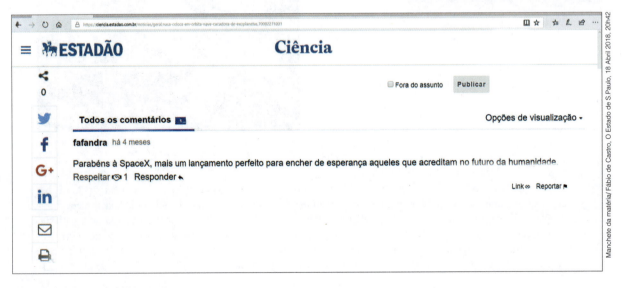

   a) O comentário da leitora sobre a notícia é positivo ou negativo? Por quê?

   b) Que comentário você faria sobre essa notícia?

Interpretação

1. Há duas palavras no texto que podem ter gerado dúvidas. Leia-as e escolha, entre as opções dadas, o sentido mais adequado a elas de acordo com o contexto. Anote as respostas no caderno.

   a) **Órbita** significa:
      - desatento, desligado.
      - trajetória de um astro em torno de outros.

   b) **Elíptica** significa:
      - que tem forma de elipse.
      - omissão de palavras.

2. Notícias apresentam fatos de importância para uma comunidade.

   a) Por que o fato merece ser noticiado?

   b) Para quem esse fato é importante?

3. A notícia foi publicada num portal de notícias de um jornal de São Paulo. Ela interessa apenas aos leitores paulistas? Por quê?

4. Que tipo de leitor pode interessar-se por esse fato?

5. A partir do terceiro parágrafo da notícia, a Tess é comparada a um telescópio espacial, o Kepler.

   a) Qual é a relação entre esses dois equipamentos?

   b) Copie a tabela a seguir no caderno e complete-a.

	Onde faz a busca	Quantos exoplanetas descobre	Método utilizado	A que distância pesquisa
Kepler				
Tess				

6. Releia a **linha fina**, texto que aparece logo abaixo do título da notícia.

   > **Sonda Tess terá a missão de vasculhar o céu em busca de planetas habitáveis em torno de estrelas perto da Terra**

   a) Qual é a função da linha fina? Copie a alternativa correta no caderno.
      - Dar mais detalhes sobre o fato.
      - Destacar um fato da notícia.

7. Releia apenas o primeiro parágrafo da notícia, que recebe o nome de **lide**. Em seguida, responda às questões.

   a) O que está sendo noticiado?

   b) Quem é o responsável pelo fato noticiado?

   c) Quando aconteceu o fato?

   d) Onde o fato aconteceu?

   e) Por que o fato aconteceu?

71

8. Qual é a função do lide? Copie a(s) alternativa(s) correta(s) no caderno.

   a) Resumir a notícia.

   b) Iniciar a notícia e esgotar o assunto para o leitor não precisar ler a matéria completa.

   c) Iniciar a notícia e apresentar os principais tópicos para despertar a curiosidade do leitor.

9. O restante da notícia amplia algumas informações do lide. Que novas informações são apresentadas no segundo parágrafo?

Linguagem

1. Leia mais estes títulos de outras notícias sobre o mesmo fato.

Natalie Rosa. *Terra*, 19 abr. 2018. Disponível em: <www.terra.com.br/noticias/tecnologia/canaltech/nasa-lanca-satelite-tess-para-buscar-novos-exoplanetas,54b7364a583c2b06ba62969e801e79e194k46q6x.html>. Acesso em: 26 jun. 2018.

UOL, 18 abr. 2018. Disponível em: <https://noticias.uol.com.br/ciencia/ultimas-noticias/efe/2018/04/18/nasa-lanca-satelite-para-analisar-20-mil-planetas-fora-do-sistema-solar.htm>. Acesso em: 26 jun. 2018.

Disponível em: <www.em.com.br/app/noticia/internacional/2018/04/18/interna_internacional,952714/spacex-lanca-novo-caca-planetas-da-nasa-em-busca-de-vida-extraterrestr.shtml>. Acesso em: 15 ago. 2018.

• Qual(is) dos três títulos, em sua opinião, consegue(m) provocar no leitor o desejo de ler a notícia?

Técnicos preparam a sonda Tess, em 28 de março de 2018.

2. Leia novamente o título da notícia.

> **Nasa coloca em órbita nave 'caçadora' de exoplanetas**

a) Qual é o sentido da palavra **caçadora** no título?

b) Por que a palavra **caçadora** está entre aspas no título?

c) Que palavra(s) poderia(m) substituir **caçadora** sem alterar o sentido do título?

d) O efeito no título seria o mesmo se essa palavra fosse substituída? Por quê?

3. Copie no caderno a(s) alternativa(s) adequada(s) sobre o uso das fotografias na notícia lida.

a) As fotografias complementam as informações para o leitor ter uma ideia do satélite.

b) A primeira fotografia ilustra a notícia e deixa-a mais agradável para o leitor.

c) As duas fotografias ilustram a notícia e deixam-na mais agradável para o leitor.

d) A primeira fotografia ilustra a notícia e a segunda complementa as informações.

4. Qual é o objetivo de uma notícia como essa? Copie a alternativa correta no caderno.

a) Relatar um fato que realmente aconteceu.

b) Narrar uma história de ficção que envolve personagens.

c) Descrever fatos do ponto de vista de um narrador.

5. Releia este trecho da notícia e observe como o texto destacado explica um termo importante.

> [...] Quando há um planeta na órbita de uma estrela, sua passagem diante dela causa uma redução minúscula de seu brilho – **que os cientistas chamam de "trânsito"**.

a) Localize no texto mais um termo que a notícia explica ao leitor e escreva-o no caderno.

b) Por que a notícia explica alguns termos para o leitor? Copie a explicação correta no caderno.
- Porque a notícia fala sobre Ciência e foi escrita para cientistas e professores universitários.
- Porque a notícia fala sobre Ciência, mas é escrita para pessoas leigas, ou seja, sem conhecimento especializado no assunto.
- Porque a notícia fala sobre Ciência e foi escrita para professores e estudantes do Ensino Médio.

c) Que pontuação foi utilizada no texto para separar e destacar a explicação?

6. Releia estes outros trechos da notícia:

> [...] A nave passará pelo menos dois anos vasculhando o céu à procura de outros planetas e determinar se algum deles tem a possibilidade de abrigar vida, de acordo com os cientistas da Nasa.

> Segundo a Nasa, a órbita escolhida para a Tess, extremamente elíptica, é inédita e nunca foi tentada antes. [...]

a) Em que o jornalista dessa notícia deve ter se baseado para escrever o texto?

b) O texto mostra uma visão positiva ou negativa do fato noticiado? Por quê?

73

Telejornal

Provavelmente você já assistiu a noticiários de TV, em que apresentadores relatam as notícias diárias da cidade, do estado, do país e do mundo. Você sabia que, nesses telejornais, as notícias são lidas num aparelho chamado *teleprompter*? O que parece ser falado espontaneamente é, na verdade, lido, mas de forma que pareça natural.

Agora, vocês produzirão e apresentarão notícias para um telejornal.

Para começar

1. Reúna-se com mais quatro colegas para produzir o telejornal e, de acordo com a orientação do professor, distribuam as funções. Cada grupo pesquisará notícias de seu interesse.
2. Comecem assistindo a alguns telejornais de diversas emissoras de TV. Decidam quem vai assistir a qual noticiário. Todos devem fazer anotações.
3. Analisem os telejornais assistidos. As questões a seguir são norteadoras dessa análise.
   a) De que modo o telejornal é organizado? Qual foi a ordem de apresentação das notícias? Primeiro as nacionais e depois as internacionais? As da sua cidade ou estado?
   b) Como os apresentadores de telejornais se comportam ao apresentar as notícias? O comportamento é o mesmo na transmissão de todos os tipos de notícia ou ele muda? Eles manifestam opinião pessoal? Como são os gestos e a postura deles? Explique.

Produzir

1. O grupo deve ler – em jornais impressos, revistas e *sites* de notícias – os fatos mais recentes. Escolham os que consideram de maior relevância, de interesse do grupo e de interesse dos espectadores.
2. Vocês também podem incluir algumas informações de utilidade pública da comunidade, por exemplo, sobre o tempo e o trânsito, que deixarão os telespectadores atualizados a esse respeito. A transmissão das notícias não deve ser extensa.
3. Para produzir as notícias, lembrem-se de:
   a) fazer um parágrafo de introdução que contenha as principais informações sobre o fato (o que aconteceu? Onde? Quem participou? Quando aconteceu? Por quê?);
   b) desenvolver a notícia – dar informações mais detalhadas do que aconteceu (como aconteceu?), fornecer dados numéricos se for relevante etc.
4. Vocês podem escolher um nome para o telejornal e um apresentador (o âncora), que chamará cada um dos repórteres.

Apresentar

1. No dia da apresentação, preparem um espaço onde se sentarão os âncoras, isto é, aqueles que apresentarão as notícias.

2. O âncora deve estar atento aos seguintes aspectos:
   - estar bem posicionado na sala de aula para que todos possam vê-lo e ouvi-lo;
   - falar alto o suficiente para ser escutado por todos;
   - falar em ritmo pausado, que possibilite a compreensão das informações;
   - estar voltado para a plateia, para que a fala possa ser ouvida de forma clara;
   - fazer gestos contidos, sem grandes movimentos de mãos, sem risadas etc., como observado nos telejornais.
3. Ensaiem a apresentação das notícias e planejem o momento em que um repórter deve entrar em cena para dar outra notícia, a previsão do tempo ou informar como está o trânsito.
4. Vocês podem utilizar um *tablet* ou *notebook* como *teleprompter*.
5. O restante da turma (os espectadores) deve:
   - ficar em silêncio enquanto o âncora relata as notícias;
   - acompanhar com interesse a apresentação dos âncoras e dos repórteres;
   - ter papel e lápis ou caneta para anotar o conteúdo apresentado e sua opinião sobre ele, com base nos itens da avaliação;
   - não interromper a apresentação para fazer perguntas, mas anotá-las no caderno.
6. O telejornal pode ser gravado e publicado num *blog* da comunidade escolar. Para gravar, não é necessário um equipamento muito sofisticado. Pode ser um celular com câmera.

Avaliar

1. Depois da apresentação do telejornal, cada grupo avaliará a apresentação dos colegas. Reúnam-se novamente com os colegas de grupo e reúnam os comentários de todos num só texto. O grupo avaliará, também, o próprio trabalho. Os itens a seguir podem auxiliar na tarefa.
   - Todos conseguiram ouvir as notícias?
   - O assunto escolhido é de interesse da turma?
   - Os títulos destacaram o fato principal da notícia e despertaram a atenção dos espectadores?
   - As principais informações das notícias foram apresentadas?
   - Do que vocês mais gostaram na apresentação de seu grupo? E nas apresentações dos colegas?
2. Depois, conversem também sobre a experiência de apresentar um noticiário/jornal televisivo.

ENTRELAÇANDO LINGUAGENS

O lançamento da Tess, em 18 de abril de 2018, possibilitou, durante aquele período, a produção de outros gêneros textuais do campo jornalístico. Observe um desses textos, publicado dias depois do lançamento da sonda, em 27 de abril.

1. Esse texto é um artigo de opinião. Comparando esse título com o da notícia "Nasa coloca em órbita nave 'caçadora' de exoplanetas", qual deles é mais objetivo, impessoal? Por quê?

2. Leia o início deste texto.

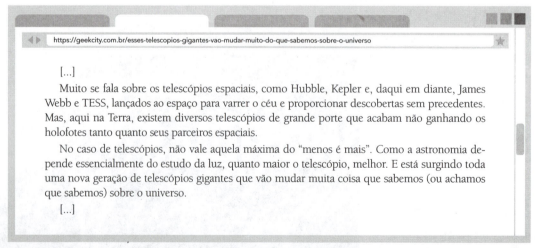

Patrícia Gnipper. *Terra*, 23 abr. 2018. Disponível em: <https://www.terra.com.br/noticias/tecnologia/canaltech/esses-telescopios-gigantes-vao-mudar-muito-do-que-sabemos-sobre-o-universo,71124e273c08ec39be0ee6e598eae99ditqhbxa4.html>. Acesso em: 26 jun. 2018.

a) Com base em que fatos noticiados esse artigo foi escrito?

b) Qual é a opinião do autor sobre os telescópios espaciais e sobre os terrestres?

A notícia é o texto central do jornalismo. É com base nela que outros textos de diferentes gêneros são produzidos, como os comentários, os artigos de opinião, os editoriais, as cartas do leitor etc.

Pronomes pessoais e de tratamento

1. Leia a transcrição do trecho de uma entrevista com a atriz e apresentadora Regina Casé, realizada no programa *Roda Viva*, da TV Cultura.

> **Ricardo Soares:** [...] **Eu** queria saber o seguinte: como é que você percebeu que **você** era engraçada?
> **Regina Casé:** É... Quer dizer, profissionalmente eu percebi por... Quer dizer, trabalhando junto com as outras pessoas, eu vi que elas riam de mim [risos] e tal... e quer dizer, já comecei a perceber quando a gente começou a trabalhar no Asdrúbal, mas eu já tinha percebido antes, quando eu era pequena...
> **Ricardo Soares:** Aquelas coisas de criança, esquetes familiares.
> **Regina Casé:** Eu era a mais engraçada no colégio, na família e etc. e tal. Foi normal, não teve, assim, nenhuma surpresa: um dia eu fiquei engraçada. Acho que foi sempre. [...]

Disponível em: <www.rodaviva.fapesp.br/materia/71/entrevistados/regina_case_1988.htm>. Acesso em: 25 jun. 2015.

a) Qual é o assunto principal desse trecho da entrevista?

b) A entrevista foi registrada por escrito, mas manteve marcas de oralidade. Quais das características a seguir são próprias da língua falada e estão presentes na entrevista? Escreva-as no caderno e dê exemplos do texto para justificar sua resposta.
- frases completas
- pausas
- ausência de repetições
- presença de repetições
- abreviações de palavras

c) No trecho **É...**, o que significa a pontuação ...?

d) Na entrevista foram usadas palavras que indicam quem fala e a quem a fala é dirigida. Observe as palavras destacadas e identifique a função que exercem na entrevista.

2. Releia um trecho da entrevista.

> "[...] trabalhando junto com as outras pessoas, eu vi que **elas** riam de mim [...]".

a) A que termo a palavra **elas** se refere?

b) Com que função foi usada a palavra **elas** nesse trecho? Escreva no caderno a alternativa correta.
- Destacar quem fala.
- Substituir termos para evitar repetição de palavras.
- Destacar quem faz a ação.

Os termos destacados na entrevista marcam a posição do falante na interação comunicativa. As palavras que exercem essa função são denominadas **pronomes**.

Os pronomes também podem substituir o nome.

77

Pronomes pessoais

1. No trecho a seguir, a quem os pronomes destacados se referem no texto?

> [...] **eu** vi que elas riam de **mim** [...].

2. Que pronome poderia substituir o termo destacado no trecho a seguir?

> [...] quando **a gente** começou a trabalhar no Asdrúbal [...].

As palavras que fazem referência a quem fala, com quem se fala e sobre quem ou o que se fala em uma situação comunicativa são denominadas **pronomes pessoais**.

Veja no quadro os pronomes que indicam os participantes da interlocução.

	Singular	Plural
1ª pessoa do discurso	eu	nós
2ª pessoa do discurso	tu; você; o(a) senhor(a)	vós; vocês; os(as) senhores(as)
3ª pessoa do discurso	ele/ela	eles/elas

Existem dois tipos de pronomes pessoais, de acordo com a função que exercem na oração: do caso reto e do caso oblíquo.

Leia o exemplo retirado da entrevista:

> [...] **eu** vi que **elas** riam de **mim** [...].
> Pronomes pessoais do caso reto — Pronome pessoal do caso oblíquo

Observe na tabela a classificação dos pronomes pessoais.

		Pronomes pessoais do caso reto	Pronomes pessoais do caso oblíquo
Singular	1ª pessoa	eu	me, mim, comigo
Singular	2ª pessoa	tu	te, ti, contigo
Singular	3ª pessoa	ele, ela	o, a, lhe, se, si, consigo
Plural	1ª pessoa	nós	nos, conosco
Plural	2ª pessoa	vós	vos, convosco
Plural	3ª pessoa	eles, elas	os, as, lhes, se, si, consigo

> Os **pronomes pessoais** indicam:
> - quem fala (1ª pessoa);
> - a pessoa com quem se fala (2ª pessoa);
> - sobre quem ou o que se fala (3ª pessoa).

Pronomes de tratamento

1. Leia um trecho de outra entrevista, com o músico Paul McCartney, que começou sua carreira na década de 1960, no grupo musical The Beatles.

[...]

ÉPOCA – A maior parte das músicas do *show* foi feita num tempo distante e para uma geração que já amadureceu. O senhor sente que as novas gerações curtem suas canções?

Paul McCartney – Pois é, eu próprio me surpreendo com a quantidade de adolescentes e crianças que vão a meus *shows*. Nunca pensei que isso pudesse acontecer. Recebo mensagens de adolescentes do mundo inteiro e percebo que os mais novinhos estão ali, diante do palco em meus *shows*, cantando todas as músicas e se emocionando. [...]

Luis Antonio Giron. *Época*, 13 abr. 2012. Disponível em: <http://revistaepoca.globo.com/vida/noticia/2012/04/paul-mccartney-nao-ha-mais-conflito-de-geracoes.html>. Acesso em: 1º set. 2018.

a) Que forma de tratamento o repórter usa para se dirigir ao famoso músico?

b) Por que ele usou essa forma de tratamento?

> Os **pronomes de tratamento** designam o interlocutor e são usados de acordo com a situação comunicativa.

Leia no quadro alguns pronomes de tratamento e respectivos usos.

Pronome de tratamento	Uso
O(s) senhor(es) A(s) senhora(s)	Demonstrar respeito em situações formais.
Vossa Excelência	Dirigir-se a altas autoridades do governo: presidente da República, senadores, ministros, governadores, deputados, prefeitos.
Meritíssimo Juiz	Dirigir-se a juízes de Direito.
Vossa Alteza	Dirigir-se a príncipes, princesas, duques, arquiduques.
Vossa Majestade	Dirigir-se a reis, imperadores.

Dependendo da situação comunicativa, o uso do pronome de tratamento pode revelar diferentes relações que se estabelecem entre as pessoas.

2. Identifique e explique, em cada situação, o sentido do uso do pronome de tratamento **senhor**.

a) Vovô, estou com muitas saudades do senhor.

b) Chefe, aqui está o projeto que o senhor pediu.

ATIVIDADES

1. Os pronomes e as locuções pronominais podem ter como função retomar um substantivo citado anteriormente. Leia a reportagem a seguir e faça o que se pede.

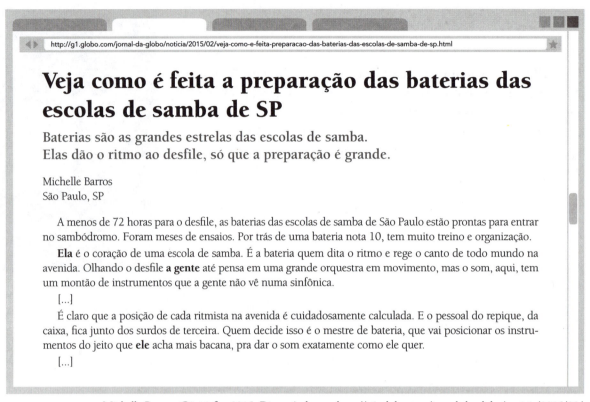

Michelle Barros. *G1*, 11 fev. 2015. Disponível em: <http://g1.globo.com/jornal-da-globo/noticia/2015/02/veja-como-e-feita-preparacao-das-baterias-das-escolas-de-samba-de-sp.html>. Acesso em: 26 jun. 2018.

- Releia as expressões a seguir.

> grandes estrelas
> o coração
> grande orquestra

a) A que elas se referem?

b) Com que finalidade essas expressões foram usadas?

c) A que palavras os termos destacados no texto se referem?

d) Que pronome poderia ser usado para substituir **a gente** mantendo o mesmo sentido do texto? Reescreva a frase no caderno fazendo a concordância entre o pronome e o verbo.

e) Reescreva as orações no caderno substituindo as palavras destacadas por um pronome equivalente. Lembre-se de fazer a concordância necessária com os pronomes e verbos.

> [...] **as baterias das escolas de samba de São Paulo** estão prontas [...].

> E **o pessoal do repique**, da caixa, fica junto dos surdos de terceira.

2. Leia a fábula a seguir. Faltam alguns termos, que estão indicados pelos números 1 a 4.

O Lobo e a Garça

Um Lobo estava comendo **umas carnes** quando um osso ficou atravessado em sua garganta, o que começava a sufocá-**[1]**. Assim, pediu à Garça que, com seu pescoço comprido, lhe tirasse o osso do papo, que seria recompensada. **A Garça** enfiou a cabeça na goela do Lobo e lhe tirou o osso.

Estando livre o Lobo, a Garça **[2]** pediu o que antes ele lhe havia ofertado. O Lobo, porém, respondeu: – Eu já **[3]** dei um grande benefício, posto que enfiastes a tua cabeça dentro da minha boca, onde bastaria apertar-te os dentes para matar-te, mas saístes sem um arranhão.

A Garça calou-**[4]** e ficou arrependida do que fizera, pensando: – Nunca mais, por gente má, colocarei a minha cabeça e vida em semelhante risco.

Esopo. *As fábulas de Esopo*. Adaptação de Joseph Shafan. Disponível em: <www.dominiopublico.gov.br/pesquisa/DetalheObraForm.do?select_action=&co_obra=121614>. Acesso em: 26 jun. 2018.

a) No caderno, relacione os números indicados no texto aos seguintes pronomes: **se, lhe, lo, te**.

b) A que cada um deles se refere?

c) Por que a Garça resolveu ajudar o Lobo?

d) O Lobo cumpriu o que prometera à Garça?

e) A Garça ficou satisfeita com a ação do Lobo? Por quê?

f) Que pronomes podem substituir as palavras destacadas no texto?

3. Leia o abaixo-assinado, a seguir, pela reforma de uma quadra poliesportiva.

Abaixo-assinado

Reforma da quadra poliesportiva na praça Sylvio Altapini – Zona Leste de São Paulo

Para: Prefeitura da cidade de São Paulo

Os cidadãos abaixo-assinados, brasileiros, residentes e domiciliados na Praça Sylvio Altapini e arredores – Zona Leste de São Paulo/SP, solicitam de Vossa Excelência que seja reformada a quadra poliesportiva existente na Praça Sylvio Altapini, a fim de que as muitas crianças moradoras da rua e arredores possam se divertir com segurança e dignidade em uma área própria para isso. Atualmente convivemos com uma realidade precária, dentre os principais problemas podemos citar a falta de grade de proteção, fazendo com que as crianças se arrisquem para ir buscar a bola na rua e correndo o risco de serem atropeladas, [...] [assim como] a existência de lixo, entulho e pedaços de ferro enferrujado ao redor da quadra. Em nome do bem-estar de nossas crianças e em nome do lazer e do esporte [...] solicitamos a melhoria da área de lazer citada o mais breve possível.

Disponível em: <www.peticaopublica.com.br/pview.aspx?pi=altapini>. Acesso em: 26 jun. 2018.

a) Qual a finalidade desse abaixo-assinado?

b) Quem escreve o documento e a quem ele é dirigido?

c) Que argumentos são usados no documento para justificar o pedido dos moradores?

d) Justifique o uso do pronome de tratamento **Vossa Excelência** no documento.

AQUI TEM MAIS

História do jornal

Você sabia que o jornal impresso é utilizado há séculos para divulgar notícias e informações para a população?

O imperador de Roma, Júlio César, foi responsável pelo primeiro noticiário.

Cerca de 59 a.C.

Em aproximadamente 59 a.C., **Júlio César** concebeu o mais antigo "jornal" de que se tem notícia. Chamava-se *Acta Diurna* e tinha o objetivo de informar ao público os acontecimentos importantes, sociais e políticos, das principais cidades. O "jornal" era escrito em **grandes placas brancas** e exposto em lugares públicos. Dessa forma, a população mantinha-se informada sobre escândalos do governo, campanhas militares, julgamentos e execuções.

Século VIII

Os primeiros jornais surgiram no século VIII, em **Pequim**, na China, e eram **boletins escritos a mão**.

Século XV

No século XV, na Alemanha, circulavam boletins manuscritos, muitas vezes sensacionalistas. Com a **invenção da prensa por Gutenberg** (1447), os jornais tomaram o formato parecido com o que usamos atualmente, mas sua circulação ainda era esporádica.

O gráfico alemão Johannes Gutenberg foi o inventor da primeira prensa, considerada uma das maiores invenções do Período Moderno.

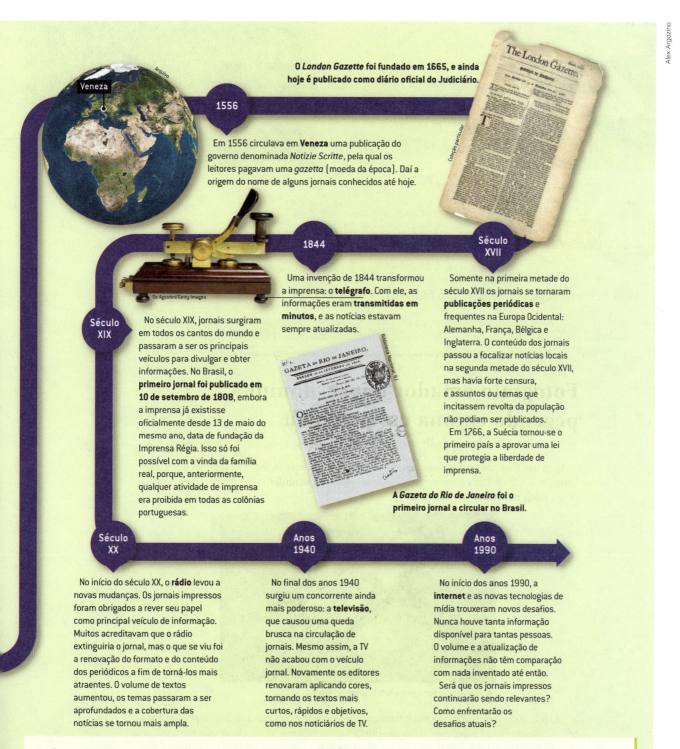

1556 — O *London Gazette* foi fundado em 1665, e ainda hoje é publicado como diário oficial do Judiciário.

Em 1556 circulava em **Veneza** uma publicação do governo denominada *Notizie Scritte*, pela qual os leitores pagavam uma *gazetta* (moeda da época). Daí a origem do nome de alguns jornais conhecidos até hoje.

1844 — Uma invenção de 1844 transformou a imprensa: o **telégrafo**. Com ele, as informações eram **transmitidas em minutos**, e as notícias estavam sempre atualizadas.

Século XVII — Somente na primeira metade do século XVII os jornais se tornaram **publicações periódicas** e frequentes na Europa Ocidental: Alemanha, França, Bélgica e Inglaterra. O conteúdo dos jornais passou a focalizar notícias locais na segunda metade do século XVII, mas havia forte censura, e assuntos ou temas que incitassem revolta da população não podiam ser publicados.
Em 1766, a Suécia tornou-se o primeiro país a aprovar uma lei que protegia a liberdade de imprensa.

Século XIX — No século XIX, jornais surgiram em todos os cantos do mundo e passaram a ser os principais veículos para divulgar e obter informações. No Brasil, o **primeiro jornal foi publicado em 10 de setembro de 1808**, embora a imprensa já existisse oficialmente desde 13 de maio do mesmo ano, data de fundação da Imprensa Régia. Isso só foi possível com a vinda da família real, porque, anteriormente, qualquer atividade de imprensa era proibida em todas as colônias portuguesas.

A *Gazeta do Rio de Janeiro* foi o primeiro jornal a circular no Brasil.

Século XX — No início do século XX, o **rádio** levou a novas mudanças. Os jornais impressos foram obrigados a rever seu papel como principal veículo de informação. Muitos acreditavam que o rádio extinguiria o jornal, mas o que se viu foi a renovação do formato e do conteúdo dos periódicos a fim de torná-los mais atraentes. O volume de textos aumentou, os temas passaram a ser aprofundados e a cobertura das notícias se tornou mais ampla.

Anos 1940 — No final dos anos 1940 surgiu um concorrente ainda mais poderoso: a **televisão**, que causou uma queda brusca na circulação de jornais. Mesmo assim, a TV não acabou com o veículo jornal. Novamente os editores renovaram aplicando cores, tornando os textos mais curtos, rápidos e objetivos, como nos noticiários de TV.

Anos 1990 — No início dos anos 1990, a **internet** e as novas tecnologias de mídia trouxeram novos desafios. Nunca houve tanta informação disponível para tantas pessoas. O volume e a atualização de informações não têm comparação com nada inventado até então.
Será que os jornais impressos continuarão sendo relevantes? Como enfrentarão os desafios atuais?

1. Seus familiares ou você têm costume de ler o jornal impresso, ouvir notícias ou assistir aos noticiários? Como você e seus familiares se informam sobre tudo o que acontece no Brasil e no mundo?
2. Que notícias atuais chamaram sua atenção e a de seus familiares?
3. Converse com os colegas. Você acredita que, com o avanço da tecnologia, os jornais impressos em papel continuarão a existir? Por quê? O que seria necessário para o jornal impresso sobreviver em tempos de internet?

Fontes: <https://www.anj.org.br/site/servicos/menindjornalistica/108-historia-do-jornal-no-mundo/741-jornais-breve-historia.html> e <http://opiniaoenoticia.com.br/cultura/o-primeiro-jornal-impresso-no-brasil/>. Acessos em: mar. 2016.

CAPÍTULO 2

Neste capítulo, você vai ler mais uma notícia e continuar estudando as características que determinam esse gênero textual. Vai estudar o verbo e suas flexões e, por fim, produzirá um jornal mural da comunidade escolar.

LEITURA

Leia outra notícia, publicada num *blog* do jornal *Diário do Nordeste*.

Fotógrafo amador flagra 'doninha' pegando carona em pica-pau

11:40 · 03.03.2015 / atualizado às 12:19 · 03.03.2015 por Lia Girão

Uma foto feita por um fotógrafo amador tem tido bastante repercussão na Internet nesta terça-feira (3). O clique flagra o momento em que um **pequeno mamífero** semelhante a uma doninha pega **carona no voo** de um pica-pau.

A imagem foi feita por um fotógrafo amador. [...]

"O pica-pau estava saltitando estranhamente como se estivesse pisando numa superfície quente... O pássaro voou sobre nós, na nossa direção e, de repente, ficou óbvio que ele tinha um pequeno mamífero nas costas e que essa era uma **luta pela vida**", disse o fotógrafo Martin Le-May.

A imagem foi feita em um **parque em Londres** e o fotógrafo acredita que o mamífero **atacou o pássaro**, que decolou com o susto, levando a 'doninha' junto.

De acordo com Le-May, a dupla aterrissou perto dele, mas com a proximidade do fotógrafo (cerca de 25 cm), o **mamífero fugiu** e o pássaro voou para uma vegetação próxima, **escapando com vida**.

GLOSSÁRIO

Doninha: mamífero carnívoro com cerca de 30 cm de comprimento.

Lia Girão. *Diário do Nordeste*, 3 mar. 2015. Disponível em: <http://blogs.diariodonordeste.com.br/navegando/animais/fotografo-amador-flagra-esquilo-pegando-carona-em-pica-pau/>. Acesso em: 25 jun. 2018.

 ESTUDO DO TEXTO

Apreciação

1. Por que você acha que o voo de um pássaro com um mamífero nas costas virou notícia?

2. O que mais chamou sua atenção na notícia? Por quê?

Interpretação

1. Quem são os possíveis leitores dessa notícia?

2. Releia a notícia e responda às questões.
   a) O que está sendo noticiado?
   b) Quem é o responsável pelo fato noticiado?
   c) Onde o fato noticiado aconteceu?
   d) Quando aconteceu o fato?
   e) Por que o fato foi noticiado?
   f) Como aconteceu?

3. Você precisou ler o texto todo para localizar essas informações? Explique como você as localizou.

4. Que informações são ampliadas a partir do segundo parágrafo?

5. No caderno, copie a alternativa mais adequada à função da fotografia nessa notícia.
   a) A fotografia tem a função de complementar as informações da notícia.
   b) A fotografia tem a função de ilustrar a notícia e deixá-la mais agradável para o leitor.

6. Observe novamente as imagens que acompanham as notícias dos capítulos 1 e 2 e leia os textos (**legendas**) logo abaixo delas.

↑ Tess. O lançamento foi realizado às 19h51 (horário de Brasília), na Flórida, nos Estados Unidos.

↑ A imagem foi feita por um fotógrafo amador.

   a) Qual das legendas apresenta o que há na imagem?
   b) Que tipo de informação aparece na legenda da imagem 2?

7. Qual das duas notícias não poderia ficar sem a fotografia? Por quê?

85

Linguagem

1. Releia o título da notícia.

> **Fotógrafo amador flagra 'doninha' pegando carona em pica-pau**

a) A linguagem desse título é mais próxima da linguagem do dia a dia, mais informal. Que expressão indica isso?

b) Por que a palavra **doninha** está entre aspas no título da notícia?

2. Releia estes trechos:

> "[...] O pássaro voou sobre nós, na nossa direção e, de repente, ficou óbvio que ele tinha um pequeno mamífero nas costas e que essa era uma **luta pela vida**", disse o fotógrafo Martin Le-May.

> De acordo com Le-May, a dupla aterrissou perto dele, mas com a proximidade do fotógrafo (cerca de 25 cm) [...].

a) Como foram indicadas as falas ou opiniões do fotógrafo na notícia?

b) O jornalista informa o nome completo e a profissão do entrevistado. Por que isso é importante para a notícia?

3. O jornalista que escreve a notícia participa do fato relatado ou faz um relato sem participar deles? Dê um exemplo que justifique sua resposta.

O QUE APRENDEMOS COM O ESTUDO DE NOTÍCIA

- **Notícia** é um relato de fatos e informações do cotidiano – recentes ou atuais – relevantes para uma comunidade (cidade, campo, país ou mundo), de forma mais objetiva possível.
- As notícias podem ser publicadas em jornais, revistas, *sites* ou ainda apresentadas em televisão e rádio.
- O **lide** (*lead* em inglês) é a abertura da notícia, em que são apresentados os principais tópicos a serem desenvolvidos nos próximos parágrafos.
- O objetivo do lide é despertar a curiosidade do leitor sobre a notícia.
- O lide deve responder às perguntas: *Quem? O quê? Quando? Como? Onde? Por quê?* – não necessariamente nessa ordem.
- Numa notícia as **fotografias** podem acrescentar informações ou ilustrar o texto.
- Há fotografias essenciais para a compreensão do texto e para lhe dar veracidade.
- O texto inserido junto de uma fotografia recebe o nome de **legenda**.
- A legenda acrescenta informações à imagem ou reforça a informação dada visualmente.
- Nas notícias podem ser informados o nome e a profissão dos entrevistados.
- As falas dos entrevistados são introduzidas com expressões como: de acordo com, segundo etc.

DIÁLOGO

A voz do cidadão

Você viu, nos textos 1 e 2 da seção **Leitura**, que as fotografias numa notícia podem ter diferentes funções. Isso também acontece com outros gêneros jornalísticos.

Veja estas imagens de uma praça no município de Campinas, estado de São Paulo. Converse com o professor e os colegas: O que elas mostram sobre o lugar que retratam?

Essas fotografias acompanharam uma matéria jornalística sobre a situação da praça. Leia o título e a opinião de um dos moradores sobre o fato.

Com bancos e brinquedos quebrados, praça está abandonada

Os problemas continuam na calçada em torno da praça e, em alguns trechos, [ela] foi levantada pelas raízes das árvores; há lixeiras queimadas e os gramados deram lugar à terra e às folhas secas

[...]

No parquinho infantil, os balanços estão com os bancos quebrados e a criançada que costuma frequentar o local só vai para brincar na terra, que também está suja de folhas e pedras. "Aqui era muito bonito. É uma pena essa praça estar no estado em que está. Não dá nem para trazer as crianças para brincar, pois correm o risco de se machucar", diz a dona de casa Marinete Gomes Silva, de 33 anos.

[...]

Alenita Ramirez. *Correio Popular*, 13 ago. 2015. Disponível em: <http://correio.rac.com.br/_conteudo/2015/08/capa/campinas_e_rmc/326906-com-bancos-e-brinquedos-quebrados-praca-esta-abandonada.html>. Acesso em: 27 jun. 2018.

A função da fotografia, nesse contexto, é complementar a denúncia apresentada no texto. Assim como o jornal pode fazer denúncias a favor dos cidadãos, os próprios cidadãos podem enviar a jornais, *sites* e redes sociais imagens que mostrem as mais diversas situações que prejudicam a população, os animais, o meio ambiente etc.

Verbo: conjugação, flexões

1. Leia a notícia a seguir.

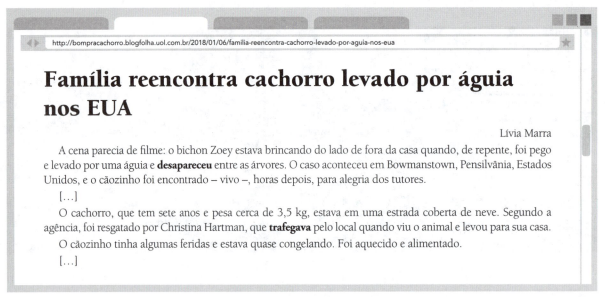

Lívia Marra. *Folha de S.Paulo*, 6 jan. 2018. Disponível em: <http://bompracachorro.blogfolha.uol.com.br/2018/01/06/familia-reencontra-cachorro-levado-por-aguia-nos-eua>. Acesso em: 27 jun. 2018.

a) Que fato deu origem à notícia?

b) O que fez com que o desaparecimento de Zoey se transformasse em notícia e ela fosse publicada?

c) O que o uso do tempo verbal presente na notícia acrescenta ao título? Copie a resposta correta no caderno.
- A ideia de que o fato acontece neste momento.
- A ideia de que o fato aconteceu no dia de hoje.
- A ideia de que o fato aconteceu recentemente.

d) Releia o primeiro parágrafo da notícia. Em que tempo os verbos estão conjugados: presente, passado ou futuro?

e) Por que no título da notícia foi usado o verbo no presente, se o fato aconteceu no passado?

f) Observe as palavras destacadas no texto. Que sentidos elas expressam: sentimento, estado, ação?

g) Na frase "O cãozinho estava quase congelando", o que a palavra **estava** indica: ação ou estado? Explique.

Vamos estudar os verbos, palavras que indicam ação ou estado em determinado tempo.

Os verbos também exprimem fenômenos da natureza. Por exemplo: **Choveu** forte no fim de semana.

> As palavras que expressam ação, estado e fenômenos da natureza em determinado tempo (presente, passado, futuro) são denominadas **verbos**.

Flexão de pessoa e número

1. Leia a frase e responda às questões.

> O cãozinho desapareceu entre as árvores.

a) A quem a palavra **desapareceu** se refere nessa frase?

b) Se a notícia se referisse a mais de um animal, como ficaria a frase?

2. Releia agora um trecho da notícia.

> Segundo a agência, foi resgatado por Christina Hartman.

a) As palavras **foi resgatado** referem-se a quem na notícia?

b) Como você identificou a quem se refere?

Observe que o verbo **desapareceu** e a locução verbal **foi resgatado** estão conjugados na 3ª pessoa do singular (ele).

> Os verbos são flexionados e indicam o **número** (singular e plural) e a **pessoa do discurso** (1ª, 2ª e 3ª) a que se referem.

Flexão de tempo

As marcas de tempo verbal situam o evento do qual se fala com relação ao momento em que se fala. Em português, reconhecemos três tempos verbais: o presente, o passado e o futuro. Veja os exemplos.

Família **reencontra** cachorro levado por águia nos EUA.
tempo presente

O bichon Zoey **desapareceu** entre as árvores.
tempo passado

O animal **voltará** para sua casa.
tempo futuro

Flexão de modo

1. Leia as frases a seguir. Relacione cada uma delas com a ideia que os verbos expressam.

a) Talvez a águia **estivesse** com fome.   I. Ideia de certeza.

b) A águia **raptou** o cãozinho.   II. Ideia de dúvida, hipótese.

c) **Encontrem** rapidamente o cãozinho.   III. Ideia de ordem.

Os modos verbais são: indicativo, subjuntivo e imperativo. Eles expressam a ideia de certeza (indicativo), de dúvida ou hipótese (subjuntivo), e de ordem ou pedido (imperativo) em relação ao que o falante diz.

89

1. Leia a notícia a seguir.

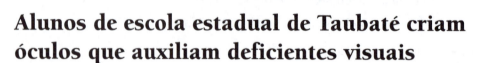

Alunos de escola estadual de Taubaté criam óculos que auxiliam deficientes visuais

Acessório emite um efeito sonoro toda vez que algum objeto se aproxima do rosto da pessoa.

Por G1 Vale do Paraíba e Região
03/04/2018 10h05 • Atualizado 03/04/2018 10h05

Os alunos do ensino médio de uma escola estadual de Taubaté (SP) **desenvolveram** uns óculos que facilitam a rotina de pessoas com deficiências visuais. O acessório emite um efeito sonoro toda vez que algum objeto se aproxima do rosto da pessoa.

A ideia surgiu no ano passado, a partir da necessidade de ajuda a um amigo dos estudantes da Escola Estadual José Marcondes de Mattos, do bairro do Bonfim.

"Com o tempo ele acabou tendo essa deficiência visual, aí pensei em alguma forma de ajudar ele. No fim, conseguimos produzir isso", afirma Sebastião Guilherme Júnior, estudante de 16 anos e um dos idealizadores do objeto.

O projeto aconteceu a partir das aulas de Física que o grupo obteve na unidade escolar. A ideia deu tão certo que o projeto foi inscrito em uma Feira de Ciência de Escolas Estaduais de São Paulo.

O projeto já passou por duas etapas e agora **aguarda** a fase final que acontece durante o mês de abril. Caso ele passe, a proposta deve integrar um grupo de seis vencedores que vão representar o estado em feiras nacionais e internacionais.

A oportunidade de colocar a ideia em prática facilitou os ajustes nos óculos. O reforço veio com a entrada do aluno Lincoln Floriano, de 17 anos. Ele tem cegueira total e entrou no princípio desse ano na sala dos alunos. O estudante é o único deficiente visual da escola, e sua entrada fortaleceu o projeto.

[...]

G1, 3 abr. 2018. Disponível em: <https://g1.globo.com/sp/vale-do-paraiba-regiao/noticia/alunos-de-escola-estadual-de-taubate-criam-oculos-que-auxilia-deficientes-visuais.ghtml>. Acesso em: 27 jun. 2018.

a) Que fato deu origem à notícia?

b) Por que esse fato virou notícia e foi publicado no jornal?

c) Os verbos destacados na notícia referem-se a quem ou a quê?

d) No trecho "Caso ele passe, a proposta deve integrar um grupo de seis vencedores que vão representar o estado em feiras nacionais e internacionais.", em que modo está o verbo **passe**?

e) O que esse modo verbal expressa sobre o fato?

Em dupla

f) Comente com seu colega a notícia da criação dos óculos especiais para deficientes visuais. O que chamou sua atenção nessa notícia? Por quê?

g) Nem sempre as notícias que aparecem nos noticiários são de fatos positivos. Por quê?

h) Se você pudesse escrever uma notícia baseada em um fato positivo, o que escolheria?

i) Crie um título e o primeiro parágrafo para essa notícia. Compartilhe-o com os colegas.

j) Preste atenção ao tempo verbal usado no título e no desenvolvimento da notícia.

k) Selecione uma imagem para compor sua notícia.

l) Crie uma legenda para essa imagem.

m) Compartilhe sua produção com os colegas.

2. Leia a seguir o trecho de um conto de Moacyr Scliar.

Bruxas não existem

[...]

Quando eu era garoto, **acreditava** em bruxas, mulheres malvadas que passavam o tempo todo maquinando coisas perversas. Os meus amigos também acreditavam nisso. A prova para nós era uma mulher muito velha, uma solteirona que morava numa casinha caindo aos pedaços no fim de nossa rua. Seu nome era Ana Custódio, mas nós só a **chamávamos** de "bruxa".

Era muito feia, ela; gorda, enorme, os cabelos pareciam palha, o nariz era comprido, ela tinha uma enorme verruga no queixo. E estava sempre falando sozinha. Nunca tínhamos entrado na casa, mas tínhamos a certeza de que, se fizéssemos isso, nós a encontraríamos preparando venenos num grande caldeirão.

[...]

Moacyr Scliar. *Nova Escola*, 1º jun. 2018. Disponível em: <https://novaescola.org.br/conteudo/4159/bruxas-nao-existem>. Acesso em: 9 ago. 2018.

a) Embora o título do conto seja "Bruxas não existem", os garotos no passado acreditavam em sua existência. O que os levava a ter essa crença?

b) No trecho "[...] tínhamos a certeza de que, se fizéssemos isso [...]", que sentido o verbo destacado expressa: ordem, certeza, hipótese? Justifique sua resposta.

c) Identifique os verbos no trecho: "Era muito feia, ela; gorda, enorme, os cabelos pareciam palha, o nariz era comprido...".

d) Os verbos que você identificou no item **c** indicam ação, fenômeno da natureza ou estado?

e) A que tempo e pessoa os verbos **acreditava** e **chamávamos** se referem?

f) No trecho "[...] nós só a chamávamos de 'bruxa'", o verbo indica ação, fenômeno da natureza ou estado?

g) No trecho "... se fizéssemos isso, ...", em que modo está o verbo?

h) O que esse modo verbal expressa sobre o fato?

3. Leia as dicas a seguir.

6 dicas para organizar o seu local de estudos

O lugar em que a gente estuda deve ser calmo, organizado, confortável e de fácil acesso. [...]
1 – Escolha o lugar certo
Procure na sua casa aquele espaço mais tranquilo, com uma boa fonte de luz. Pode ser o quarto, desde que você consiga encaixar uma mesa ou superfície plana qualquer que funcione como uma. **Escolha** uma cadeira confortável, mas não confortável demais, para evitar cair no sono.

Além disso, **arrume** um lugar que você possa usar apenas para estudar. Isso é importante para que, no momento em que você se **sentar** na cadeira, seu cérebro entenda que é hora de ativar o "modo concentrado" de funcionamento.

2 – Mantenha longe as distrações
O silêncio é fundamental. Coloque o celular no silencioso, para evitar dar aquela espiadinha nas redes sociais na hora que bater a preguiça. Além disso, pense em todas as coisas que podem ser prejudiciais para manter a concentração. Tem telefone por perto? A televisão está a uma distância que pode ser ouvida? Se não puder escolher um local sem essas fontes de distração, faça algum planejamento para evitar que elas o atrapalhem na hora dos estudos.
[...]
3 – Organize sua mesa
[...] É importante que você mantenha sua mesa sempre limpa e organizada, deixando sempre acessíveis os itens de maior uso para evitar perder tempo e concentração procurando uma caneta ou aquela lista de exercícios que teima em sumir.

Geekie Games, 7 mar. 2016. Disponível em: <https://geekiegames.geekie.com.br/blog/6-dicas-para-organizar-o-seu-local-de-estudos>. Acesso em: 12 fev. 2019.

a) Qual é a finalidade das dicas?
b) A quem o texto parece ser dirigido? Como você reconhece o leitor do texto?
c) Observe as palavras destacadas no texto. Que sentidos elas expressam: sentimento, estado, ação?
d) No trecho: "Procure na sua casa aquele espaço mais tranquilo, com uma boa fonte de luz.", quais são os verbos? Que ideia eles expressam?
e) Como ficaria a frase "O lugar em que a gente estuda deve ser calmo." se **a gente** fosse substituída por **nós**?
f) Identifique o modo em que os verbos **escolha**, **mantenha**, **coloque** e **organize** estão conjugados.
g) Justifique o uso desse modo verbal no texto.

4. Leia a tirinha.

Fernando Gonsales.

a) Quem está assistindo ao programa de TV?

b) Que tipo de programa é esse?

c) Qual é a finalidade desse programa?

d) Observe os verbos nos dois primeiros quadrinhos. Que ideia eles expressam?

e) Qual é o modo desses verbos?

f) Explique a relação entre o uso do modo verbal dos dois primeiros quadrinhos e a finalidade do programa.

5. Identifique os modos (indicativo, subjuntivo, imperativo) em que estão conjugados os verbos destacados nas orações a seguir.

a) **Espere** sua vez para falar.

b) Você **quer** que eu traga alguma coisa da biblioteca?

c) **Gostaria** que todos **fossem** felizes.

d) Quando **estiver** com ele, **passe** as orientações do jogo.

e) Não **sejam** teimosos.

f) Logo que **puder**, **venha** me visitar.

6. Identifique os tempos (presente, passado, futuro) em que estão conjugados os verbos das orações a seguir.

a) Ele **disse** a verdade no julgamento.

b) Eu **trago** uma grande novidade sobre o campeonato de futebol.

c) **Há** muitos livros interessantes na biblioteca.

d) O diretor **virá** ao teatro no fim do ano.

e) Ele **trouxe** muitos livros para a campanha de doação.

DICAS

↖ ACESSE

Museu da Imprensa – São Paulo: <http://imprensanacional.gov.br/web/guest/musluda-imprensa>. Considerado o oitavo mais importante do gênero no mundo, o Museu da Imprensa está localizado no município de São Paulo. Seu acervo é composto de 600 peças e documentos raros. É possível fazer uma visita virtual detalhada. Acesso em: 21 set. 2018.

Tess – Transiting Exoplanet Survey Satellite – Nasa: <https://tess.gsfc.nasa.gov>. Página eletrônica da Nasa dedicada ao satélite caçador de exoplanetas. Nela, você pode conhecer melhor a missão do satélite Tess, ver infográficos e fotos. O *site* está em inglês, mas é possível traduzir a página para o português. Acesso em: 21 set. 2018.

Só notícia boa: www.sonoticiaboa.com.br>. Agência nacional de notícia boa: uma plataforma de jornalismo positivo - com vídeo, áudio e texto – criada para ser uma alternativa para o público cansado do noticiário violento da grande mídia.

Jornal de Boas Notícias: <https://jornaldeboasnoticias.com.br>. O jornal traz um apanhado das notícias do Brasil e do mundo, excluindo as notícias desagradáveis, tristes e ruins.

Jornal Jovem: www.jornaljovem.com.br>. *Site* de cultura e entretenimento com publicações elaboradas por jovens. Espaço de expressão de ideias e reflexões em relação a vários assuntos da vida cotidiana.

📖 LEIA

Deu no jornal, de Moacyr Scliar (Edelbra). O consagrado escritor Moacyr Scliar cria contos com base em recortes de jornal. Temas como os primeiros óculos, a separação dos pais, o amor, o celular, o futebol e a música transformam-se em narrativas leves para leitores de todas as idades.

Acentuação – oxítonas e proparoxítonas

1. Leia a tirinha.

Armandinho, de Alexandre Beck

a) O pai faz um convite ao filho. O que ele pretendia fazer?

b) A resposta do menino produz o humor da tirinha, pois parece que ele não entendeu o que o pai disse. O que Armandinho entendeu da fala do pai?

c) A sílaba tônica é aquela pronunciada de forma mais forte em cada palavra. Leia as palavras do quadro.

| zoológico | você | Armandinho | visitar |

d) Copie no caderno o quadro abaixo e preencha-o com as informações solicitadas.

	Divisão silábica	Sílaba tônica	Classificação da sílaba tônica
zoológico			
você			
Armandinho			
visitar			

Conforme a posição da sílaba tônica, as palavras da língua portuguesa podem ser classificadas em **oxítonas** (última sílaba), **paroxítonas** (penúltima sílaba) ou **proparoxítonas** (antepenúltima sílaba).

Neste capítulo, vamos conhecer as regras de acentuação gráfica das palavras oxítonas e proparoxítonas.

Acentuam-se graficamente as palavras **oxítonas** terminadas em:
- **-a, -as**. Exemplos: alvará(s), maracujá(s).
- **-e, -es**. Exemplos: jacaré(s), bebê(s).
- **-o, -os**. Exemplos: avô(s), paletó(s).
- **-em, -ens**. Exemplos: armazém, armazéns.

Todas as palavras **proparoxítonas** são acentuadas graficamente. Exemplos: mágico, título.

ATIVIDADES

1. Justifique o emprego do acento gráfico nas palavras destacadas nos títulos de notícias.

   a)

   Máquina de venda automática comercializa saladas orgânicas em potes de vidro

   Catraca Livre, 22 jan. 2015. Disponível em: <https://catracalivre.com.br/geral/qualidade-de-vida-ar-livre/indicacao/maquina-de-venda-automatica-comercializa-saladas-organicas-em-potes-de-vidro>. Acesso em: 19 jan. 2019.

   b)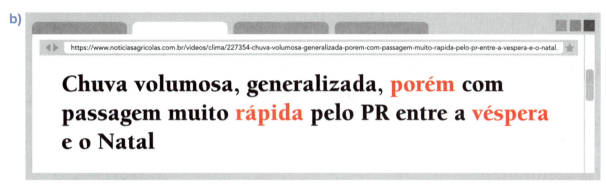

   Chuva volumosa, generalizada, porém com passagem muito rápida pelo PR entre a véspera e o Natal

   Notícias Agrícolas, 21 dez. 2018. Disponível em: <www.noticiasagricolas.com.br/videos/clima/227354-chuva-volumosa-generalizada-porem-com-passagem-muito-rapida-pelo-pr-entre-a-vespera-e-o-natal.html#.XE4NzlxKipo>. Acesso em: 27 jan. 2019.

2. Leia as palavras do quadro.

   parabens – paje – urubu
   ola – sofa – cafe – saci
   paleto – abacaxi – armazem
   curio – ninguem

   a) Copie as palavras que devem ser acentuadas graficamente.
   b) Em relação à posição da sílaba tônica, como essas palavras são classificadas?

3. Leia as palavras do quadro. Depois, separe-as em dois grupos: oxítonas e proparoxítonas.

   campones – armazens – colar – amor
   astronomo – horoscopo – magnifico – historico
   vovo – eletronico – Africa – robos
   fregues – marques – proximo – cantar – contem

   • Acentue graficamente as palavras, quando necessário, e justifique com uma regra de acentuação.

Jornal mural

Para começar

Você escreverá notícias de sua comunidade durante um período combinado com o professor e os colegas. Reúna-se com mais dois colegas para fazer a pesquisa e o texto. Ao mesmo tempo, com a turma e o professor, vocês criarão um jornal mural em que todas as notícias serão publicadas.

No jornal mural haverá também um espaço para a seção "A voz do cidadão", no qual serão publicadas fotografias que denunciem as mais variadas situações prejudiciais à população: ruas cheias de lixo, praças malcuidadas, ruas esburacadas, animais maltratados etc.

Outra possibilidade é a elaboração de um *blog* de notícias. Antes de tudo, o professor criará o *blog* para a turma. Nele, cada grupo poderá publicar seus textos, sob a orientação do professor, e deixar o *link* disponível para os colegas.

Organizar

Nesta unidade, nas seções **Leitura** e **Estudo da língua**, você analisou notícias. Volte a elas e reveja como são organizadas, bem como os assuntos abordados em cada uma. Observe como são os títulos, as linhas finas, os lides, de que modo os fatos são apresentados etc.

Desenvolver

1. Para escrever uma notícia, é preciso estar atento ao que acontece.
    a) O que pode ser noticiado sobre a comunidade escolar que tenha relevância social?
    b) E no bairro, o que é importante?
    c) Em sua cidade há algum assunto que pode ser divulgado à comunidade escolar?

2. É provável que o grupo encontre notícias prontas em jornais e páginas da internet, mas não é esse o foco da atividade. Vocês redigirão uma notícia para determinado segmento da comunidade escolar: adolescentes de sua idade ou mais velhos e pessoas que trabalham na escola. Pensem no que é interessante para esse grupo de leitores. Vocês podem escolher uma notícia inédita, procurar informações sobre um tema e escrever sobre ele ou divulgar uma notícia dos jornais, pesquisando várias fontes e fazendo o próprio texto.

3. Como você viu, as notícias apresentam um título, que em geral utiliza verbos no presente, seguido de um lide, um breve resumo do que será desenvolvido no corpo da notícia; elas são escritas em 3ª pessoa e não transmitem a opinião do autor do texto.

4. Para começar, depois de pesquisar a notícia e ter certeza da veracidade dos fatos (se necessário, entrevistem algumas pessoas), escrevam o lide respondendo às perguntas: O quê? Quem? Quando? Onde? Como? Por quê?

5. Concluído o lide, desenvolvam o assunto no corpo da notícia. Lembrem-se de que ela é escrita em 3ª pessoa e deve ser objetiva, sem julgamentos nem opiniões pessoais.

6. Façam o rascunho da notícia.

7. Deem-lhe um título, lembrando-se das características desse elemento. Se julgarem necessário, escrevam um subtítulo.

8. Se incluírem uma fotografia, não se esqueçam de fazer uma legenda que acrescente informações.

9. Escrevam a data e o local de publicação.

10. Não se esqueçam também da seção "A voz do cidadão", que apresentará fotos-denúncia. Lembrem-se de complementá-la com alguma legenda ou informação.

Revisar e editar

1. Terminado o rascunho (ainda não é a notícia que será publicada no jornal mural), troquem seu trabalho com o de outro grupo. Analisem o trabalho dele de acordo com os aspectos a seguir.

a) Os colegas deram um título à notícia?

b) Escreveram uma linha fina abaixo do título?

c) O lide da notícia responde a estas seis perguntas: O quê? Quem? Quando? Onde? Como? Por quê?

d) O assunto do lide é desenvolvido no corpo da notícia?

e) Utilizaram os verbos no presente, no título da notícia? Escreveram o texto em 3ª pessoa?

f) O fato é de interesse da comunidade escolar?

g) No caso de haver fotografia na notícia, foi feita uma legenda acrescentando informações a ela?

h) Que sugestões vocês podem dar ao grupo para enriquecer o texto?

i) A fotografia escolhida para a seção "A voz do cidadão" faz uma denúncia?

j) O texto que acompanha a fotografia complementa as informações dela?

2. Depois, entreguem o rascunho ao professor, que também o revisará.

3. Recebam o rascunho de volta. Com base nas observações dos colegas e do professor, refaçam a notícia.

4. Combinem com o professor e os colegas quando e em que lugar vocês digitarão a versão final da notícia.

Compartilhar

Depois de todas as notícias estarem digitadas, seu grupo, o professor e os demais colegas devem decidir se as publicarão no jornal mural (pedir autorização, se necessário, à direção da escola) ou no *blog* de notícias (também será necessário pedir autorização). Além disso, precisam decidir:

a) Quais notícias serão publicadas primeiro?

b) Quanto tempo as notícias ficarão expostas e quando serão substituídas?

c) Se for no *blog*, quando ele será atualizado com as notícias do novo grupo? Como será feita a divulgação? Façam um cronograma.

d) Qual será o título do jornal mural ou do *blog* de notícias?

Depois da primeira semana de publicação do jornal mural, avaliem:

a) Como foi a experiência?

b) O jornal ou *blog* está sendo lido pelos colegas?

c) O que precisa ser mudado?

d) Como podem divulgar o jornal ou *blog* para que seja lido e comentado?

CONSTRUIR UM MUNDO MELHOR

Reportagens espaciais

Nesta unidade, você analisou uma notícia sobre o envio de um satélite ao espaço. Leia, agora, os títulos e pequenos trechos de três reportagens sobre viagens espaciais, tecnologias médicas e lixo espacial.

---

www.tecmundo.com.br/ciencia/127436-voce-tem-ideia-viagem-homem-lua-custou-eua.htm

Você tem ideia de quanto a viagem do homem à Lua custou aos EUA?

[...]

Segundo Faus [Joan Faus, do portal de notícias El País], entre os anos de 1959 e 1973, ou seja, até um pouquinho depois da última missão tripulada à Lua, o governo norte-americano investiu US$ 23,6 bilhões (perto de R$ 77 bilhões) no projeto de explorar o satélite – e isso sem contar todos os gastos com desenvolvimento e construção da infraestrutura necessária para a realização das missões!

Só que essa cifra de US$ 23,6 bi é referente aos valores de 1973. Atualizando, hoje o montante seria equivalente a quase US$ 131,8 bilhões – ou pouco mais de R$ 428 bilhões. [...]

[...]

[...] Sem falar que muita gente acredita que seria muito melhor se a grana necessária para chegar até a Lua fosse investida aqui mesmo, na Terra – uma vez que nem todo mundo tem noção que **muitas das tecnologias** desenvolvidas por causa da exploração espacial acabam sendo incorporadas no nosso dia a dia, melhorando as nossas vidas.

[...]

Maria Luciana Rincónem. *Tecmundo*, 21 fev. 2018. Disponível em: <www.tecmundo.com.br/ciencia/127436-voce-tem-ideia-viagem-homem-lua-custou-eua.htm>. Acesso em: 27 jun. 2018.

---

https://segredosdomundo.r7.com/5-tecnologias-medicas-indispensaveis-que-nasceram-no-espaco

5 tecnologias médicas indispensáveis que nasceram no espaço

[...]

Robôs na sala de cirurgia

O Canadarm2 foi desenvolvido para que os astronautas pudessem realizar reparos na ISS a partir do conforto da nave, evitando caminhadas espaciais de alto risco.

Uma vez que a tecnologia do braço robótico chegou à Terra, ela já está ajudando a tornar cirurgias mais seguras, realizando procedimentos complicados e delicados – como remover um tumor cerebral.

[...]

Segredos do mundo, 19 jun. 2017. Disponível em: <https://segredosdomundo.r7.com/5-tecnologias-medicas-indispensaveis-que-nasceram-no-espaco>. Acesso em: 27 jun. 2018.

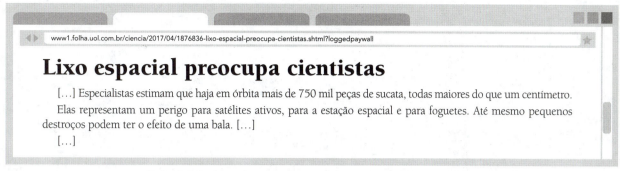

Folha de S.Paulo, 19 abr. 2017. Disponível em: <www1.folha.uol.com.br/ciencia/2017/04/1876836-lixo-espacial-preocupa-cientistas.shtml?loggedpaywall>. Acesso em: 27 jun. 2018.

O que fazer

1. Se possível, leia os textos completos nos endereços indicados.
2. Em grupo, você e mais três colegas discutirão os textos com base num roteiro. Vocês também poderão escolher um dos temas.
3. Depois, preparem uma apresentação oral da opinião do grupo sobre os temas dos textos.
4. Por fim, pesquisem, em jornais e *sites* jornalísticos, notícias recentes sobre esses temas ou outros relacionados ao espaço.
5. Vocês podem escrever um comentário sobre o assunto no *site* do jornal.

Roteiro para discussão

Para discutir com os colegas, você deverá fazer anotações com base nas questões a seguir.

1. Depois de ler os títulos e os trechos que as acompanham, explique se eles apresentam uma visão positiva ou negativa dos fatos e por quê.
   a) Você concorda com a visão mostrada em cada trecho? Em quê?
   b) Você acredita que isso poderia ser mudado? Como? Em *sites* jornalísticos ou científicos, pesquise como essas condições poderiam ser mudadas.
2. Com os colegas, discuta as respostas dos grupos. Para que a discussão seja proveitosa:
   a) ouça a fala de cada colega e faça anotações;
   b) faça comentários depois que os colegas e você apresentarem sua análise e seu ponto de vista;
   c) escreva os pontos em comum e os discordantes. Vocês não precisam concordar em tudo. Anotem os argumentos de cada um defendendo sua opinião, com base nas leituras e pesquisas.
3. Organize com os colegas uma apresentação das conclusões do grupo e dos pontos de vista mais interessantes a respeito dos títulos de notícia.
4. Apresentem à turma essas conclusões e ouçam as dos colegas. Houve concordância? Em quê? Em que discordaram?
5. Para finalizar, acessem novamente as notícias, reportagens e artigos sobre a exploração do espaço e façam comentários para os jornais com as conclusões de vocês. Para comentar é importante:
   a) escrever defendendo sua posição com base em fatos;
   b) usar uma linguagem adequada ao *site* ou jornal;
   c) ser respeitoso.

Constelação de Sagitário captada pelo telescópio Hubble.

UNIDADE 4

As ciências e seus achados

NESTA UNIDADE

VOCÊ VAI:

- ler um artigo de divulgação científica e estudar suas características;
- montar um relógio de sol;
- fazer uma pesquisa e uma apresentação oral sobre uma descoberta científica;
- estudar os pronomes (possessivo, demonstrativo, indefinido, interrogativo);
- ler e estudar infográficos;
- elaborar um infográfico.

Fonte: Isabela Moreira. 9 imagens maravilhosas captadas pelo Hubble. *Revista Galileu*, 25 jul. 2016. Disponível em: <https://revistagalileu.globo.com/Ciencia/noticia/2016/07/9-imagens-maravilhosas-captadas-pelo-hubble.html>. Acesso em: 18 mar. 2019.

1. Ao observar o céu à noite, o que você pensa?
2. A humanidade sempre observou o céu. O que leva o ser humano a fazer isso?
3. A fotografia que você vê foi captada pelo telescópio Hubble. Atualmente, equipamentos como esse, de alta precisão, capturam imagens e registram informações sobre o céu. E antigamente? Como você acha que os seres humanos faziam esses estudos?

CAPÍTULO 1

Neste capítulo, você vai ler um artigo de divulgação científica e estudar as características desse gênero. Você fará um divertido experimento, que é montar um relógio de sol, e estudará os pronomes. Pesquisará uma descoberta científica e apresentará suas descobertas oralmente à turma.

ANTES DE LER

1. Imagine que você precisa responder às perguntas a seguir:

- Como era a vida das mulheres na Antiguidade Clássica?
- Como eram as guerras na Antiguidade Clássica?
- Como as pessoas se vestiam na Antiguidade Clássica?

a) Quais das fontes a seguir você utilizaria para pesquisar? Por quê?

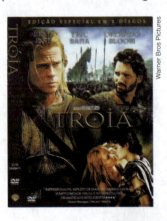

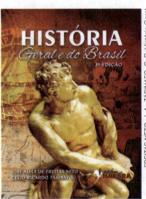

b) Todas as fontes mostradas são confiáveis? Por quê?

Por que a humanidade pesquisa o passado e projeta o futuro? Como podemos nos informar sobre essas pesquisas e projeções? Vamos estudar um pouco isso.

102

O texto que você lerá foi originalmente publicado em uma revista de divulgação científica para o público infantojuvenil. Depois, esse e outros textos foram reunidos em um livro sobre Física e Astronomia.

1. Você sabe a que essas duas áreas do conhecimento se dedicam?

2. Que informações um texto com o título a seguir poderá conter? Leia e descubra.

Época de festas também para o Sol

Dezembro é mês de férias e de festas!

Disso todo mundo sabe. Mas é também o mês de um momento especial no calendário da astronomia: o solstício. Você sabe do que se trata?

O solstício é o momento que corresponde a uma posição específica da Terra em sua órbita: o ponto em que um dos hemisférios está mais "virado" na direção do Sol e o outro mais "protegido", apontado para a direção oposta (veja a figura). Isso acontece porque a Terra gira em torno do Sol um pouco inclinada em relação à órbita.

No hemisfério mais voltado para o Sol, o solstício marca o dia mais longo do ano, e a noite mais curta. No outro hemisfério é o contrário: é o dia mais curto do ano, seguido da noite mais longa.

O solstício marca também uma mudança de estação: em dezembro, para aqueles que vivem no Hemisfério Sul (a maior parte do Brasil), é o "solstício de verão", que marca a passagem da primavera para o verão. Para os habitantes do Hemisfério Norte, é o "solstício de inverno", que marca o fim do outono naquela parte do planeta. Em mais ou menos seis meses esses papéis serão invertidos e teremos o "solstício de inverno" no Hemisfério Sul e o "solstício de verão" no Hemisfério Norte.

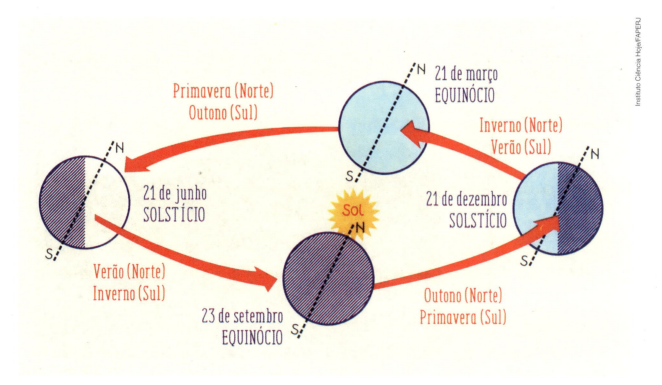

103

Entre os dois solstícios temos os equinócios, que são os pontos da órbita da Terra em que o dia e a noite têm a mesma duração, em todo o planeta. Um deles marca justamente o início da primavera no Hemisfério Norte e o início do outono no Hemisfério Sul. O outro equinócio marca a situação contrária, isto é, o início do outono no norte e da primavera no sul.

Além da variação na duração dos dias e das noites, é interessante perceber, ao longo do ano, as mudanças no trajeto que o Sol perfaz no céu ao longo do dia e nas posições em que ele fica no horizonte. De um dia para o outro quase não dá para notar, mas, se você tirar fotos do pôr do sol a cada 15 dias, por exemplo, dá para perceber o efeito.

Para ver diferenças no caminho que o Sol faz no céu ao longo do dia, experimente marcar as posições da sombra de algum objeto fixo (um mastro ou um poste, por exemplo) ao longo de um dia e depois comparar com a mesma marcação um mês depois. Você vai se surpreender!

GLOSSÁRIO

Hemisfério: 1. Metade de uma esfera. 2. Cada uma das metades da esfera terrestre.

Roberto Pimentel. *A aventura da Física*. Rio de Janeiro: Faperj/ICH, 2014. p. 24-25.

Roberto Affonso Pimentel Júnior nasceu em 1967. É doutor em História da Ciência pela Universidade Federal do Rio de Janeiro (2012). Atua como professor de Física no Ensino Médio desde 1996. Na Universidade, dedica-se a pesquisar História da Ciência, ensino de Física no Ensino Médio, experimentos, difusão da ciência (especialmente para crianças), entre outros projetos.

Festa para o solstício

Tanto no Hemisfério Sul como no Hemisfério Norte há celebrações para marcar o solstício de inverno e o solstício de verão. As origens dessas comemorações, em geral, remetem à relação com a natureza e ao que ela proporciona ao ser humano.

Em Ushuaia (Terra do Fogo), Argentina, o solstício de inverno é comemorado no dia 21 de junho e a ocasião é chamada de *La Fiesta Nacional de la Noche Más Larga del Año* (em tradução livre, Festa Nacional da Noite Mais Longa do Ano). Por que esse nome? Porque nessa data o dia dura apenas sete horas. Depois do pôr do Sol, vem a noite de maior duração do ano.

Essa festividade ocorreu pela primeira vez na década de 1970. Em 1986, foi instituída como uma festa nacional. As comemorações, que atualmente chegam a durar dez dias, incluem fogueira, apresentações musicais e teatrais, exposições de obras de arte, queima de fogos de artifício, feitura de esculturas de gelo e patinação no gelo.

Vista de Ushuaia, 2013.

ESTUDO DO TEXTO

Apreciação

1. Qual sua opinião sobre o texto: fácil, difícil, bem explicado? Justifique.

2. Você entendeu algumas das informações do texto?
   - Se entendeu, explique para os colegas.
   - Se não entendeu, ouça o que os colegas têm a dizer.

3. Pela leitura do texto, você consegue concluir o que a Astronomia estuda?

4. Depois dessa conversa, releia o texto e veja se consegue entendê-lo melhor ou atentar para algo que não havia percebido antes.

Interpretação

1. O livro do qual o texto foi retirado é dedicado à Física e à Astronomia. Procure no dicionário o que cada uma dessas áreas estuda e, em seguida, responda: Quais dos assuntos a seguir poderiam se tornar capítulos desse livro? Copie no caderno as alternativas adequadas e justifique sua resposta.
   a) Aspectos da personalidade das pessoas que nascem sob o signo de Sagitário.
   b) As estrelas mais brilhantes e mais próximas do nosso planeta.
   c) Como produzir mais alimentos com preço mais baixo.
   d) Viagens interplanetárias e a busca por vida extraterrestre.

2. Leia o texto sobre o autor. Por que ele é qualificado para escrever esse artigo de divulgação científica?

3. Nos dois primeiros parágrafos, o texto se propõe a explicar o conceito de solstício. O que você entendeu sobre isso?

4. Após o quarto parágrafo, há uma figura. Qual é a função dela?
   a) Complementar a informação com novos dados sobre o solstício.
   b) Apresentar de forma ilustrada os conceitos do texto.

5. De acordo com o texto, quantos solstícios acontecem por ano?

6. Além do conceito de solstício, o texto também explica o conceito de equinócio.
   a) Quantos equinócios ocorrem em um ano?
   b) Qual é a diferença entre equinócio e solstício? Copie e complete a tabela no caderno.

	Solstício	Equinócio
Duração do dia e da noite		
Marca o início de quais estações do ano?		

105

7. Em junho, acontece um solstício. Com ajuda de um globo terrestre ou de um mapa-múndi, responda:

- Em qual(is) deste(s) país(es) o dia será mais longo: Angola, França, Mongólia ou Uruguai? E em qual(is) será mais curto? Por quê?

8. Nos dois últimos parágrafos, o texto explica maneiras de perceber as mudanças no trajeto do Sol ao longo do tempo. Para isso, sugere dois experimentos. Explique-os.

Linguagem

1. Releia o trecho a seguir.

> Entre os dois solstícios temos os equinócios, que são os pontos da órbita da Terra em que o dia e a noite têm a mesma duração [...]. O outro equinócio marca a situação contrária, isto é, o início do outono no norte e da primavera no sul.

a) Que palavras ou expressões do trecho introduzem uma explicação?

b) Qual é a função das explicações no texto?

2. No texto, são empregadas aspas em algumas situações. No caderno, relacione a função das aspas aos trechos extraídos do texto.

a) [...] "virado" na direção do Sol [...]

b) [...] e o outro mais "protegido" [...]

c) [...] o "solstício de verão", que marca a passagem da primavera para o verão.

d) [...] Para os habitantes do Hemisfério Norte, é o "solstício de inverno" [...]

I. Enfatizar a palavra ou a expressão.

II. Destacar a palavra ou a expressão utilizada fora de seu uso habitual.

3. Releia este trecho do texto e observe as palavras e a expressão destacadas.

> O solstício marca **também** uma mudança de estação [...].
> Entre os dois solstícios temos os equinócios, que são os pontos da órbita da Terra em que o dia e a noite têm a mesma duração, em todo o planeta. **Um deles** marca justamente o início da primavera no Hemisfério Norte e o início do outono no Hemisfério Sul. [...]
> **Além** da variação na duração dos dias e das noites, é interessante perceber, ao longo do ano, as mudanças no trajeto que o Sol perfaz no céu ao longo do dia e nas posições em que ele fica no horizonte.

a) Quais dos elementos destacados (palavras ou expressões) retomam palavras citadas anteriormente? Quais são as palavras retomadas?

b) Quais dos elementos destacados acrescentam uma informação à ideia anterior?

4. Releia o trecho a seguir.

> [...] o ponto em que um dos hemisférios está mais "**virado**" na direção do Sol e o outro mais "**protegido**", apontado para a direção oposta [...].

- Das palavras abaixo, qual(is) pode(m) substituir as destacadas no trecho sem mudar o sentido do texto? Escreva-as no caderno.

favorecido   oculto   abrigado   voltado   escancarado   embirrado

CURIOSO É...

Monumento de Stonehenge

Construído entre os anos 3100 a.C. e 2075 a.C., Stonehenge está localizado em Salisbury, a 130 km de Londres, e é considerado uma das mais importantes obras do período Neolítico. O monumento, composto de pedras gigantes — algumas chegam a ter 5 metros de altura e pesar quase 50 toneladas — dispostas em círculo, foi construído para alinhar-se perfeitamente com o nascer do Sol do dia 21 de junho, marcando, assim, o solstício de verão.

Até hoje não se sabe ao certo por que Stonehenge foi construído. Alguns estudiosos dizem que servia como um calendário solar, o que demonstra que os seres humanos do período Neolítico tinham avançados conhecimentos de Astronomia. Também existem evidências de que o monumento tenha sido utilizado como cemitério, já que há covas contendo corpos cremados de pessoas que viveram nesse período.

Atualmente um conhecido ponto turístico do Reino Unido, Stonehenge é considerado Patrimônio Mundial da Humanidade pela Organização das Nações Unidas para a Educação, a Ciência e a Cultura (Unesco).

Vista do monumento de Stonehenge, em fotografia de 2017.

O QUE APRENDEMOS COM O ESTUDO DE ARTIGO DE DIVULGAÇÃO CIENTÍFICA

- Tem a finalidade de explicar assuntos científicos a um público não especialista.
- Contém explicações detalhadas para ajudar o leitor a compreender as informações do texto.
- Traz aos leitores informações ou curiosidades sobre determinado assunto.
- A linguagem e as ilustrações dele variam conforme o público leitor.

Invenções de todos os tempos

Muitas são as invenções que trouxeram mudanças para nossa vida. Você sabe como elas foram criadas e por quem? E que mudanças elas trouxeram?

Você e dois colegas farão uma exposição oral para a turma sobre uma descoberta científica importante para a humanidade.

Pesquisa

1. Pense na invenção de um objeto que melhorou a vida do ser humano e hoje se tornou indispensável. Um exemplo? A caneta esferográfica com a qual você faz anotações de aula! Quem será que inventou? Como as pessoas escreviam antes dessa invenção?

2. Além dessa, que outra invenção você e os colegas gostariam de pesquisar? Que tal fazer uma lista com as invenções que serão pesquisadas pelo grupo? O professor vai conduzir esse trabalho.

3. Definida a invenção, pesquise em livros, *sites* e revistas de História e Ciências. Pesquise em mais de uma fonte para checar se as informações coincidem e complementá-las com outros dados.

4. Verifique quem assina o artigo que vocês consultaram. Veja se é um jornalista, um cientista ou um pesquisador, ou seja, uma pessoa qualificada para falar sobre o assunto.

Preparação do material de apoio à exposição oral

Depois de ler e compreender os textos pesquisados, é hora de preparar a exposição.

1. Junto com os colegas, preparem uma introdução ao tema.

   a) Sobre o que vão falar?

   b) Em que fontes pesquisaram para comentar o assunto?

   c) Quem são os autores dos textos que vocês consultaram?

Essa introdução será oral. No entanto, é importante que vocês escrevam um texto sobre o que será exposto.

- Vocês podem também preparar alguns *slides* ou fichas para ajudá-los a lembrar das informações durante a fala, mas isso não dispensa a redação do texto de apoio.
- Se quiserem, podem também apresentar fotografias e imagens dos *sites* das publicações.
- Selecionem imagens para complementar sua fala. Vocês podem mostrar como era o objeto quando foi inventado e suas modificações com o passar do tempo.

2. Estudem as principais informações dos artigos pesquisados para apresentá-las oralmente. Se possível, preparem uma apresentação com recursos multissemióticos para ajudá-los a lembrar do conteúdo a ser exposto.

3. O objetivo não é oferecer muitas informações escritas, nem lê-las. Apenas organizar o assunto em tópicos, itens para auxiliar a conduzir a fala do grupo.

Preparação da exposição oral

A exposição tem uma fase de preparação e ensaio. Organize-a em partes, conforme sugestão a seguir.

1. Abertura

a) No momento da exposição, o professor (que será o mediador) apresentará seu grupo. Em seguida, você e os colegas devem cumprimentar o auditório (o restante da sala).

b) Nessa fase, apresentem o tema da exposição oral e as fontes pesquisadas. Utilizem, para isso, o cartaz ou a apresentação multimídia feita previamente.

2. Desenvolvimento da apresentação

a) Apresentem, de forma organizada, os dados sobre a invenção.

b) Nesse momento, você e os colegas devem utilizar o material de apoio à exposição oral. Os itens não devem ser lidos, mas explicados.

c) Durante a apresentação, estejam atentos para que as informações sejam ouvidas por todos. Prestem atenção ao tom e ao volume da voz. Também é importante cuidar para que seus movimentos e gestos não tirem a atenção do ouvinte.

d) Durante a apresentação, sempre perguntem aos colegas se há dúvidas e, se necessário, esclareçam-nas.

3. Síntese e encerramento

a) Façam o fechamento e o encerramento da apresentação agradecendo ao auditório pela atenção.

b) Depois do encerramento, deem um tempo para que os colegas façam perguntas sobre o tema.

c) O objetivo do tempo para as perguntas é esclarecer dúvidas e ampliar as informações, além de verificar o interesse do auditório.

AQUI TEM MAIS

Ciência brasileira

Você já ouviu os nomes Graziela Maciel Barroso, Santos Dumont, Johanna Döbereiner e Carlos Chagas? São nomes de importantes cientistas brasileiros.

Eles deram grandes contribuições para nosso país e, para conhecê-los melhor, assista às animações da série *Um cientista, uma história*. Você descobrirá curiosidades sobre a vida de 30 pesquisadores brasileiros e detalhes de seus trabalhos.

Disponível em: <www.futuraplay.org/serie/um-cientista-uma-historia/>. Acesso em: 10 jul. 2018.

↑ Graziela Maciel Barroso representada em ilustração.

ESTUDO DA LÍNGUA

Pronomes: possessivos, demonstrativos, indefinidos, interrogativos

1. O texto a seguir foi publicado no livro *Paz, como se faz? Semeando cultura de paz nas escolas*. O trecho selecionado trata da preservação do planeta. Algumas palavras foram omitidas do texto.

Preservar o planeta

Uma das mais fascinantes imagens que ▒▒▒ olhos podem admirar graças à evolução da tecnologia é, sem dúvida, a vista da Terra no espaço! ▒▒▒ planeta reluz como uma pérola azul mergulhada em um mar infinito, cujo mistério desafia a mente humana. [...]

Olhando o planeta bem de perto, somos brindados com outra beleza: a fina camada de solo que recobre ▒▒▒ superfície. ▒▒▒ terra foi palco de muitas histórias, desde que surgiu o primeiro homem das cavernas. Sobre ela floresceram as mais variadas culturas, ▒▒▒ sonhos, ▒▒▒ ódios, ▒▒▒ amores. [...]

Foi ▒▒▒ planeta azul que a espécie humana surgiu e evoluiu, dotada de um cérebro muito sofisticado! [...]

Lia Diskin e Laura Gorresio Roizman. *Paz, como se faz? Semeando cultura de paz nas escolas*. Rio de Janeiro: Governo do Estado do Rio de Janeiro; Unesco; Associação Palas Athena, 2002. p. 29. Disponível em: <http://unesdoc.unesco.org/images/0013/001308/130851por.pdf>. Acesso em: 29 jun. 2018.

a) É possível entender completamente as informações com a omissão das palavras?

b) Observe o banco de palavras abaixo e copie, no caderno, as que preencham as lacunas e complementam os sentidos do texto (uma palavra pode ser usada mais de uma vez, nem todas as palavras serão usadas).

neste	mas	outra	ninguém
sua	tudo	nosso	suas
nossos	essa	nossas	seus

c) Que critérios você usou para selecionar as palavras?

d) Das palavras selecionadas, a que substantivos cada uma delas se refere?

e) Divida as palavras selecionadas em dois grupos, de acordo com os sentidos que elas acrescentam ao substantivo a que se referem.
- Palavras que indicam posse.
- Palavras que indicam a posição dos seres em relação a quem fala.

> Algumas palavras acrescentam a um substantivo ideias de posse e de posição relativa. Essas palavras são os **pronomes possessivos** e os **pronomes demonstrativos**. Eles podem vir junto ao substantivo ou substituí-lo.

110

Neste capítulo, vamos conhecer alguns tipos de pronome: possessivo, demonstrativo, indefinido e interrogativo.

Pronomes possessivos

1. Leia a tirinha.

Dik Browne. *Hagar, o horrível*. Porto Alegre: L&PM, 1997. v. 1, p. 81.

a) Por que o cão se enganou ao trazer os chinelos?
b) No segundo quadrinho, que palavra explica o engano do animal?
c) Que sentido essa palavra acrescenta ao substantivo?
d) No segundo quadrinho, como ficaria a fala de Hagar se ele tivesse pedido ao cachorro que pegasse sua camisa?
e) E como ficaria a fala de Hagar se ele tivesse pedido que o cão pegasse suas meias?

Na tirinha, o pronome **meus** acompanha o substantivo **chinelos**. Observe que o pronome **meus** (masculino, plural) concorda em gênero e número com o substantivo **chinelos** (masculino, plural).

> Os pronomes que indicam relação de posse, fazendo referência às pessoas, são denominados **pronomes possessivos**.

2. Copie o quadro no caderno e complete as lacunas com os pronomes possessivos, fazendo as flexões de gênero e número.

| Singular || Plural ||
Masculino	Feminino	Masculino	Feminino
meu			minhas
teu	tua	teus	
	sua	seus	
nosso		nossos	
vosso	vossa		vossas
seu		seus	suas

Pronomes demonstrativos

1. Releia um trecho do texto "Preservar o planeta" e leia uma adaptação dele.

> Foi **neste** planeta azul que a espécie humana surgiu e evoluiu, dotada de um cérebro muito sofisticado!

> Foi **naquele** planeta azul que a espécie humana surgiu e evoluiu, dotada de um cérebro muito sofisticado!

a) Observe os pronomes destacados. A que substantivo eles se referem?

b) Qual dos pronomes expressa a ideia de:
   - proximidade de quem fala;
   - distância de quem fala.

> Os pronomes que indicam a posição de seres ou objetos em relação a quem fala são denominados **pronomes demonstrativos**.

Conheça os pronomes demonstrativos e as situações em que são usados.

Pronomes demonstrativos	Uso
este, esta, isto, estes, estas	próximo de quem fala
esse, essa, isso, esses, essas	próximo da pessoa com quem se fala
aquele, aquela, aquilo, aqueles, aquelas	distante de quem fala e da pessoa com quem se fala

Pronomes indefinidos

1. Leia o título de uma notícia e uma adaptação dela.

> **Atividades físicas ao ar livre é opção de muitos moradores de Porto Velho**

GloboEsporte.com, 17 jan. 2015. Disponível em: <http://globoesporte.globo.com/ro/noticia/2015/01/atividades-fisicas-ao-ar-livre-e-opcao-de-muitos-moradores-de-porto-velho.html>. Acesso em: 18 mar. 2019.

> **Atividades físicas ao ar livre é opção de vinte moradores de Porto Velho**

a) A que substantivos as palavras destacadas se referem?

b) Qual é a diferença de sentido entre os dois títulos?

c) Que sentido o pronome **muitos** expressa? Copie a alternativa correta no caderno.
   - Posse
   - Indeterminação
   - Posição

> Os pronomes que se referem a um substantivo de modo impreciso, vago, recebem o nome de **pronomes indefinidos**.

112

Conheça outros pronomes indefinidos e suas flexões.

Pronomes indefinidos	Singular	Plural	Invariáveis
Referem-se a pessoas ou coisas.	qualquer, bastante, todo(a), algum(a), nenhum(a), certo(a), outro(a), muito(a), pouco(a), quanto(a), tanto(a)	quaisquer, bastantes, todos(as), alguns(mas), nenhuns(mas), certos(as), outros(as), muitos(as), poucos(as), quantos(as), tantos(as)	cada, que
Referem-se a pessoas.			quem, alguém, ninguém
Referem-se a coisas.			algo, tudo, nada

Pronomes interrogativos

O pronome interrogativo é usado para formular uma pergunta diretamente. Exemplo: Quantos livros de suspense você já leu?

O pronome interrogativo também pode introduzir uma pergunta de modo indireto. Por exemplo, o título de uma notícia poderia ser: "Quais são os livros preferidos dos alunos da escola".

Os principais pronomes interrogativos são: **quem**, **que** (invariáveis); **qual**, **quais**, **quanto**, **quantos**, **quanta**, **quantas** (variáveis).

Os pronomes e a coesão

1. Leia o texto a seguir. Algumas palavras foram substituídas por triângulos numerados de 1 a 7.

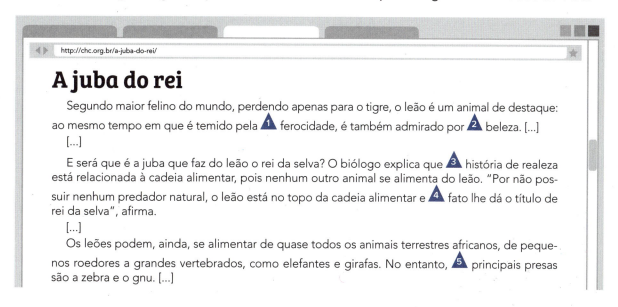

Apesar de muitos incidentes envolvendo homens e leões, os seres humanos não fazem parte da dieta natural desse animal. Mas o biólogo alerta: "Ao invadir o espaço ▲6 grandes predadores, o homem fica suscetível a encontros ocasionais que podem causar acidentes se ▲7 animais estiverem com fome. Portanto, é preciso cautela". [...]

Ciência Hoje das Crianças, 10 dez. 2014. Disponível em: <http://chc.org.br/a-juba-do-rei/>. Acesso em: 18 mar. 2019.

a) No caderno, relacione os triângulos numerados com os pronomes do quadro a seguir, de modo a estabelecer a continuidade entre as partes do texto.

> I. suas   II. desses   III. esse
> IV. essa   V. sua   VI. esses

b) Que critérios você usou para selecionar as palavras?
c) Que sentido os pronomes **sua** e **suas** acrescentam ao texto?
d) Releia este trecho do texto e responda: Que palavra a expressão destacada retoma?

> Apesar de muitos incidentes envolvendo homens e leões, os seres humanos não fazem parte da dieta natural **desse animal**.

No primeiro parágrafo do texto, não é possível identificar a quem o pronome **sua** se refere. No contexto, é possível entender que se refere ao substantivo **leão**.

> Os pronomes são elementos de coesão que estabelecem relações entre as partes do texto para a construção dos sentidos.

2. Leia um texto publicado em um *site* de divulgação científica.

Lu Belin. *Megacurioso*, 21 jun. 2018. Disponível em: <www.megacurioso.com.br/ciencia/107759-nao-basta-a-terra-humanos-sao-responsavel-pelo-aquecimento-da-lua-tambem.htm>. Acesso em: 6 jul. 2018.

a) Qual é o sentido do trecho do título "Não basta a Terra [...]"?

b) Em **nossos astronautas**, a quem o pronome **nossos** se refere?

c) Leia os dois textos a seguir.

> Foram bilhões de anos até alguém de fato pisar na Lua pela primeira vez [...].

> Foram bilhões de anos até Neil Armstrong, astronauta americano, de fato pisar na Lua pela primeira vez.

- Qual é a diferença de sentido entre as duas frases?
- Qual termo é responsável por essa diferença?

d) Releia este trecho.

> [...] talvez não tenha passado pela cabeça dos cientistas o efeito **disso** sobre os regolitos lunares.

- A que se refere o pronome **disso**?

ATIVIDADES

1. Leia a tirinha.

Laerte. Piratas do Tietê. *Folha de S.Paulo*, 29 mar. 2003.

a) A tirinha trata de crenças populares, que não são comprovadas cientificamente.
- Quais são as crenças apresentadas nas tirinhas?

b) Observe o pronome **aquela** no segundo quadrinho.
- A que palavra ele se refere?

c) Que sentido o pronome **aquela** acrescenta ao substantivo a que se refere?

d) O que indica o pronome **essa** no último quadrinho?

e) Classifique os pronomes **aquela** e **essa**.

115

2. Leia o trecho de uma reportagem sobre a primeira mulher astronauta.

Valentina Tereshkova, a primeira mulher no espaço

Em junho de 1963, essa paraquedista de formação deu 48 voltas em torno da Terra durante 71 horas

Isabel Rubio | Isabel Valdés
7 mar 2018 - 21:25 CET

Em 16 de junho de 1963, às 10h30, a nave Vostok-6 entrava na órbita terrestre. No **seu** comando estava Valentina Tereshkova, a primeira mulher a voar ao espaço exterior; *Chaika* ("gaivota", em russo) foi o **seu** codinome naquela missão. [...]

Tereshkova nasceu na aldeia de Bolshoye Maslennikovo, na região central da Rússia, filha de um tratorista e de uma operária têxtil. [...] Quando chegou à adolescência, começou a se interessar pelo paraquedismo e fez treinamento no aeroclube local. [...]

[...]

Isabel Rubio e Isabel Valdés. *El País*, 7 mar. 2018. Disponível em: <https://brasil.elpais.com/brasil/2018/03/05/ciencia/1520274326_518257.html>. Acesso em: 19 mar. 2019.

a) O texto refere-se a Valentina de várias maneiras. Copie no caderno dois trechos do texto em que há uma referência a Valentina.

b) O que as várias formas de se referir a Valentina proporcionam ao leitor?

c) Observe os pronomes destacados no texto. A que cada um deles se refere?

3. Leia a sinopse de um filme.

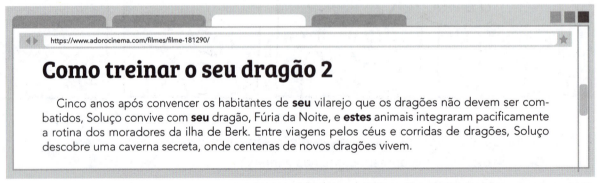

Como treinar o seu dragão 2

Cinco anos após convencer os habitantes de **seu** vilarejo que os dragões não devem ser combatidos, Soluço convive com **seu** dragão, Fúria da Noite, e **estes** animais integraram pacificamente a rotina dos moradores da ilha de Berk. Entre viagens pelos céus e corridas de dragões, Soluço descobre uma caverna secreta, onde centenas de novos dragões vivem.

Adoro Cinema. Disponível em: <www.adorocinema.com/filmes/filme-181290/> Acesso em: 10 ago. 2018.

a) O pronome **seu** aparece em dois trechos da sinopse. Que sentido ele acrescenta ao substantivo?

b) A que palavras os pronomes **seu** se referem?

c) A que palavra o pronome **estes** se refere?

d) Classifique os pronomes destacados no texto.

AQUI TEM MAIS

Experimento

O texto que você leu sugere um experimento para marcar as posições da sombra de algum objeto fixo. Que tal fazer esse experimento com um colega e depois contar para o restante da turma como foi? Vocês farão um gnômon ou relógio de sol.

Relógio de sol

Do que você precisa:

- 1 pedaço de madeira de 2 cm de espessura e 1 m de lado;
- 1 haste de ferro ou de madeira de cerca de 15 cm de altura e 1,5 cm de espessura;
- esquadro;
- régua;
- caderno de apontamentos.

Como fazer

1. Coloque no chão a base de madeira do lado de fora da casa, ou no pátio da escola, em um lugar que não fique na sombra a qualquer hora do dia claro. Encaixe ou cole no centro da base a haste ou gnômon. Use um esquadro para verificar se a haste está reta (perpendicular à base).

2. De uma em uma hora, marque, na base da madeira, um ponto que indique a extremidade da sombra formada pela haste naquela hora. Escreva a lápis na base a hora correspondente àquele ponto.

3. Depois trace, com a régua e o lápis, retas que saiam do gnômon, passem pelos pontos e cheguem até a borda da base. Agora, escreva perto da beirada da base as horas correspondentes a cada uma das retas.

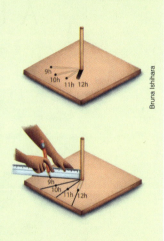

Se você quiser, pode também deixar o gnômon instalado, para observar as diferenças das sombras no decorrer do ano. Para fazer isso, escolha um dia de cada mês para anotar o que acontece com a sombra a cada hora do dia.

Anote no caderno as datas das observações e o que você descobriu.

Note bem

O relógio de sol ou gnômon talvez tenha sido a primeira forma de se marcar o tempo. Ele serviu para estabelecer a divisão entre dias e noites, as diferenças de duração entre parte clara e parte escura do dia ao longo do ano e, portanto, as estações.

O relógio de sol informa as horas do dia quando ele está iluminado pelos raios solares. O cálculo das linhas das horas é feito segundo a latitude geográfica do local em que está instalado o gnômon. O registro das horas em determinado relógio de sol não serve para outro lugar de latitude diferente.

Sociedade Brasileira para o Progresso da Ciência (SBPC). *Ciência Hoje na Escola: tempo e espaço*. Rio de Janeiro: Global, 2003. v. 7, p. 10.

CAPÍTULO 2

Neste capítulo, você vai conhecer dois infográficos, ampliar os conhecimentos sobre pronome e coesão textual e produzir um texto desse gênero para publicação em *site* ou *blog*.

Você já viu um infográfico? Sabe como ele é organizado? Conheça um infográfico publicado em um *site* de tecnologia sobre um recurso muito presente em nosso dia a dia.

Texto 1

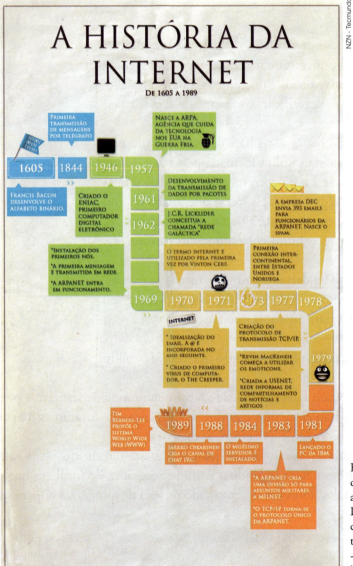

Fonte: Nilton Kleina. A história da internet: pré-década de 60 até anos 80. Tecmundo, 29 abr. 2011. Disponível em: <www.tecmundo.com.br/infografico/9847-a-historia-da-internet-pre-decada--de-60-ate-anos-80-infografico-.htm>. Acesso em: 19 mar. 2019.

118

Apreciação

1. O que mais chamou sua atenção antes de ler o infográfico?

2. Você conhecia a história da internet? Interessou-se em conhecer?

3. De que forma você leu o infográfico? O que orientou sua leitura?

4. Algum fato apresentado era desconhecido para você? Qual?

Códigos e redes

Veja a definição de alguns termos e expressões que aparecem no infográfico.

Código binário

É um sistema de numeração formado por apenas dois algarismos: 0 e 1. É por esse sistema que os computadores se comunicam e processam informações.

Rede Galáctica

Rede, com poucos computadores, voltada para a segurança dos Estados Unidos durante o período da Guerra Fria.

Arpanet

Rede de computadores precursora da internet. Mais avançada que a Galáctica, também era voltada para fins militares.

Interpretação

1. O infográfico foi publicado num *site* dedicado a novidades da tecnologia. Qual seria o interesse dos leitores do *site* por esse infográfico?

2. O infográfico apresenta algumas ilustrações. Reveja os trechos em que elas aparecem.

Fonte: <www.tecmundo.com.br/infografico/9847-a-historia-da-internet-pre-decada-de-60-ate-anos-80-infografico-.htm>.

a) Qual é a relação entre as imagens e o texto nos balões?

b) Qual é a função dessas ilustrações?

3. Copie, no caderno, a alternativa que descreve uma das características de um infográfico.

   a) É um texto formado por linguagem visual, que é extremamente importante.

   b) É um texto formado por linguagem verbal e visual para apresentar informações.

   c) É um texto com predominância da linguagem verbal. A linguagem visual não acrescenta informações.

4. Em sua opinião, o que as pessoas que elaboraram o infográfico precisaram fazer antes de produzi-lo?

5. O infográfico obedeceu a uma sequência. Copie no caderno a alternativa que melhor explica essa organização.

   a) O infográfico seguiu a ordem de importância dos fatos: do mais importante para o menos importante.

   b) O infográfico seguiu a ordem dos lugares em que os fatos principais aconteceram.

   c) O infográfico seguiu uma ordem cronológica dos fatos, do mais antigo para o mais atual.

6. Releia o infográfico.

   a) Em que momentos houve maior avanço na internet?

   b) Em quais houve menor avanço?

   c) Por que você imagina que isso aconteceu?

Linguagem

1. Quais são as cores presentes no infográfico?

2. Qual é a relação entre essas cores e o conteúdo do infográfico?

A Guerra Fria

Como você leu no infográfico, o desenvolvimento da rede mundial de computadores teve ligação com as grandes guerras que assolaram a humanidade.

A Guerra Fria é uma consequência direta da Segunda Guerra Mundial (1939-1945), da qual Estados Unidos e a extinta União Soviética despontaram como grandes potências militares e econômicas.

O nome "Guerra Fria" se deve aos confrontos indiretos e ideológicos entre as duas potências pelo poder político, econômico e militar no mundo.

Esses conflitos indiretos como, por exemplo, as guerras do Vietnã e da Coreia, resultaram na morte de milhares de pessoas.

↑Leslie Gilbert Illingworth. *Crise dos mísseis cubanos*, (charge de 1962).

120

Texto 2

Agora você lerá mais um infográfico, publicado no *site* do jornal *O Estado de S. Paulo*.

1. O título do infográfico é "Laboratório natural das mudanças na Amazônia". Qual é o sentido de "laboratório natural"?

2. Que informações você espera encontrar neste infográfico?

Fonte: Um laboratório natural das mudanças na Amazônia. *Estadão*. Disponível em: <http://infograficos.estadao.com.br/public/cidades/laboratorio-natural-amazonia>. Acesso em: 19 mar. 2019.

ESTUDO DO TEXTO

Apreciação

1. Antes de ler o infográfico, você imaginou o que encontraria nele. Suas hipóteses se confirmaram? Como?

2. Você também imaginou o que poderia ser um "laboratório natural". Sua hipótese se confirmou? Por quê?

3. Você conhecia alguns desses dados sobre a Amazônia? Qual deles chamou mais sua atenção? Por quê?

4. Em que ordem você leu as informações do infográfico? Converse com os colegas da turma. Será que eles leram na mesma ordem que você?

Interpretação

1. O infográfico foi produzido pelo jornal *O Estado de S. Paulo* e publicado em seu portal de notícias. Leia-o no suporte em que foi publicado, em: <http://infograficos.estadao.com.br/public/cidades/laboratorio-natural-amazonia/> (acesso em: 28 ago. 2018).

   a) Quem são os possíveis leitores desse infográfico?
   b) Qual é a função desse infográfico nessa publicação?

2. Copie a tabela no caderno e explique como cada item do "laboratório natural" mostra os impactos negativos no ambiente.

Arte AE/ESTADÃO CONTEÚDO

Experimento	Efeitos
1. Fogo – colocar fogo em parcelas da floresta	
2. Clima – transformar a floresta em lavoura	
3. Efeito de borda – fragmentação da floresta para lavoura, pasto e rodovia	
4. Água – retenção de água na plantação de soja	
5. Córregos – plantações	
6. Biodiversidade – papel das antas	

3. Que elementos compõem o infográfico?

4. Há equilíbrio entre linguagem verbal e visual? Por quê?

5. Qual é a relação entre as ilustrações e os textos verbais do infográfico?

6. Existe uma ordem adequada para a leitura desse infográfico? Explique.

7. Copie a tabela no caderno e preencha-a. Compare a organização do infográfico do Texto 2 com a do infográfico do Texto 1 quanto aos seguintes elementos:

	Infográfico 1	Infográfico 2
Imagens		
Ordem de leitura		
Organização no papel		
A quem é dirigido		

Linguagem

1. Qual é a função das ilustrações nesse infográfico e como elas se relacionam com as informações do texto verbal escrito?

2. Por que, no canto direito superior, há um pequeno mapa de Mato Grosso?

3. O que esse mapa indica?

4. Por que foi destacada a Reserva Xingu?

5. Em um texto podem ser utilizados numerais (palavras que indicam números) ou algarismos. No infográfico foram empregados números.
   - Qual é a relação entre o uso de números e a leitura do infográfico?

O QUE APRENDEMOS COM O ESTUDO DE INFOGRÁFICO

- Trata-se de um gênero cujo objetivo é transmitir informações por meio da linguagem verbal e da linguagem visual.
- Pode combinar ilustrações, fotografias, recursos gráficos (como o uso de cores) e texto verbal.
- Com textos verbais curtos, o infográfico propicia a leitura rápida das informações.
- Pode utilizar números e abreviações.
- A ordem de leitura das informações nem sempre é determinada.
- Nele pode haver numeração ou algum tipo de ordem (a cronológica, por exemplo) para organizar as informações.

Artigo

1. Leia a tirinha.

Laerte. Manual do Minotauro, 15 dez. 2011. Disponível em: <http://manualdominotauro.blogspot.com/2011/12/lola-59.html>.
Acesso em: 16 abr. 2019.

a) Como o personagem principal reconhece os pássaros?

b) Que recurso foi usado para indicar como o personagem principal reconhece os pássaros?

c) Por que o personagem principal não conseguiu reconhecer a andorinha?

d) Observe as palavras que acompanham os substantivos que denominam os pássaros. Qual é a diferença de sentido entre "**um** sabiá" e "**a** andorinha"?

Observe que, na tirinha, os substantivos relacionados aos pássaros tucano, pica-pau e sabiá são acompanhados pela palavra **um**. Eles não se referem a um tucano, um pica-pau e um sabiá em especial, mas sim ao tipo de pássaro.

No último quadrinho, o substantivo **andorinha** é antecedido pela palavra **a**, pois ele se refere a uma andorinha em especial, Lola.

As palavras **um** e **a**, quando antecedem os substantivos, são denominadas **artigos**. A função delas é especificar um objeto ou ser (como a andorinha, na tira lida) ou apresentá-lo de modo genérico (um tucano, por exemplo).

> **Artigos** são palavras que antecedem os substantivos e podem especificar um objeto ou apresentá-lo de modo genérico.

Artigo definido e indefinido

1. Observe a capa de livro ao lado. Justifique o uso do artigo.

Veja o quadro com a classificação dos artigos.

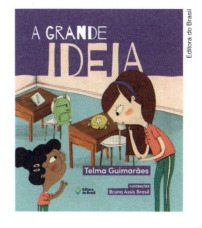

	Masculino definido	Feminino definido	Masculino indefinido	Feminino indefinido
singular	o	a	um	uma
plural	os	as	uns	umas

> Os artigos são classificados como **definidos** (o, a, os, as) quando designam um ser específico e como **indefinidos** (um, uma, uns, umas) quando designam um ser qualquer entre muitos.

Numeral

1. Leia este trecho de uma reportagem. A que informação os dados numéricos se referem?

> ### O corpo em números
>
> [...]
> Unhas
> Elas crescem continuamente, em ritmos diferentes. As das mãos aumentam de tamanho cerca de duas vezes mais rápido do que as dos pés: 4 centímetros por ano. Seu crescimento é mais veloz em adultos, entre os 20 e 40 anos de idade. Nas crianças, uma unha arrancada regenera-se em onze semanas. Os adultos não têm essa capacidade.
> [...]

Thereza Venturoli. *Superinteressante*, 31 out. 2016. Disponível em: <http://super.abril.com.br/ciencia/corpo-numeros-441131.shtml>. Acesso em: 19 jan. 2019.

> A classe de palavras que indica quantidade, ordem, medidas e porcentagem recebe o nome de **numeral**. Há quatro tipos de numeral: cardinal, ordinal, multiplicativo e fracionário.

Tipo de numeral	Função	Exemplos
Cardinal	Indica o número exato de seres ou a quantidade.	um, dois, três, quatro
Ordinal	Indica ordem em uma sequência.	primeiro, segundo, terceiro, quarto, quinto
Multiplicativo	Indica multiplicação da quantidade numérica.	duplo ou dobro, triplo ou tríplice, quádruplo, quíntuplo
Fracionário	Indica divisão de quantidade fracionária.	meio ou metade, terço, quarto, quinto

ATIVIDADES

1. Leia os títulos, identifique os numerais e classifique-os.

a)

b)

c)

Veja, 28 out. 2014. Disponível em: <http://veja.abril.com.br/noticia/vida-digital/um-quinto-da-populacao-esta-no-facebook>. Acesso em: 19 jan. 2019.

d)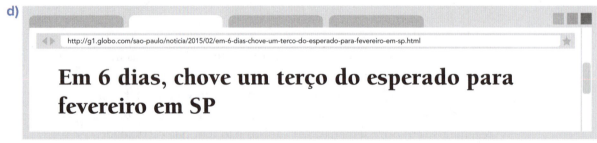

G1, 6 fev. 2015. Disponível em: <http://g1.globo.com/sao-paulo/noticia/2015/02/em-6-dias-chove-um-terco-do-esperado-para-fevereiro-em-sp.html>. Acesso em: 19 jan. 2019.

2. Leia um trecho da crônica de Ivan Angelo.

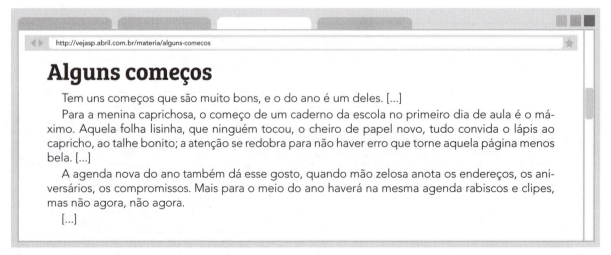

Ivan Angelo. *Veja São Paulo*, 5 dez. 2016. Disponível em: <http://vejasp.abril.com.br/materia/alguns-comecos>. Acesso em: 19 jan. 2019.

a) Releia esta frase: "Tem **uns** começos que são muito bons".

- Que sentido o artigo destacado acrescenta ao texto?

b) No trecho transcrito da crônica, há predomínio do artigo definido (**o** primeiro dia de aula, **a** agenda nova do ano, **os** endereços, **os** aniversários). Justifique esse uso.

c) Releia este trecho: "o começo de **um** caderno da escola".

- Que sentido o artigo **um** acrescenta ao trecho?

3. Leia o texto a seguir.

Você sabe o tamanho do seu lixo??

Você já parou para pensar para onde vão as coisas que você joga na lixeira? E olha que, no Brasil, cada um de nós produz **380** quilos de lixo por ano!

[...]

Os impactos ao meio ambiente são enormes: imagine esse monte de lixo poluindo rios e oceanos, se acumulando em lixões e entupindo bueiros nas ruas, contribuindo para causar enchentes? Em **2010**, cerca de **60 milhões** de toneladas de resíduos sólidos urbanos foram produzidos e só **metade** deles teve a destinação adequada, sendo encaminhados para aterros sanitários ou reciclagem.

[...].

Plenarinho, 4 jan. 2017. Disponível em: <https://plenarinho.leg.br/index.php/2017/01/voce-sabe-o-tamanho-do-seu-lixo>. Acesso em: 19 jan. 2019.

a) No texto, o que os dados numéricos destacados indicam sobre o lixo?

380:                    2010:   60 milhões: Metade:

b) Classifique o numeral **metade**.

4. Leia os títulos das notícias a seguir.

> **Título I**

'Novos brasileiros': os migrantes africanos que estão mudando a cara de São Paulo

BBC Brasil, 20 nov. 2018. Disponível em: <www.bbc.com/portuguese/brasil-45415466>. Acesso em: 13 fev. 2019.

> **Título II**

Ele é o cara! Herói de 83, Renato Gaúcho leva o Grêmio em busca do bi

Luiza Oliveira. UOL, 16 dez. 2017. Disponível em: <https://esporte.uol.com.br/futebol/ultimas-noticias/2017/12/16/ele-e-o-cara-heroi-de-83-renato-gaucho-leva-o-gremio-em-busca-do-bi.htm>. Acesso em: 13 fev. 2019.

a) Classifique os artigos que acompanham os substantivos destacados em cada título.

b) Qual é o sentido de "**a cara**" no título I?

c) O artigo **o** acrescenta um novo sentido ao substantivo **cara**. Qual é o sentido?

Infográfico

Você leu um artigo de divulgação científica e dois infográficos. Nesta produção de texto, você e os colegas farão um infográfico que mostre a história de alguma invenção. Esse infográfico será publicado em um *blog* da classe ou em um *site* criado especialmente para isso. Vocês podem optar pelo formato do infográfico 1 ou do 2, mas a leitura deverá obedecer a uma ordem, já que é a história de uma invenção.

Para começar

1. Seu professor organizará a turma em grupos. Cada um escolherá uma invenção para pesquisar o histórico e as características dela.
2. Decidam qual será o formato do infográfico. É importante que seja um formato que atraia o leitor e que as informações sejam apresentadas de modo organizado. Você e os colegas podem basear-se na leitura do infográfico da página 118, "A história da internet".

Pesquisar

1. Cada grupo pesquisará as informações relativas à invenção escolhida: quem inventou, quando, onde, seus aperfeiçoamentos no decorrer do tempo, usos etc.
2. Para fazer a pesquisa é preciso consultar livros, *sites* confiáveis e revistas de divulgação científica ou educativas. Contem sempre com a orientação do professor caso tenham dúvidas sobre a validade das fontes de consulta para a pesquisa.
3. Não se esqueçam de que é preciso consultar mais de uma fonte para conferir se as informações estão coerentes e se podem ser comprovadas.
4. Não se esqueçam também de anotar as fontes de pesquisa.

Desenvolver

1. Lembrem-se de que, no infográfico, aparecem apenas as informações mais relevantes sobre aquele momento da história da invenção.
2. É preciso, pois, escolher as que são mais importantes entre as informações pesquisadas.
3. Pesquisem, ainda, imagens que acrescentem informações.
4. O uso de cores e de letras de diferentes tamanhos também é um recurso importante para a produção do infográfico.

Rever

1. Façam uma revisão do texto e verifiquem se:
   a) escreveram apenas as informações mais importantes e necessárias para uma comunicação rápida;
   b) selecionaram imagens que estão de acordo com o texto pesquisado;

c) o formato escolhido possibilita aos leitores a leitura de todas as informações;

d) as letras e cores contribuem para o entendimento do texto.

2. Entreguem o texto ao professor para que ele também dê algumas dicas para a reformulação.

3. Recebam o texto de volta e, juntos, reescrevam-no de acordo com o formato previamente combinado.

Compartilhar

1. Os infográficos podem ser publicados em um *blog*, cujo nome será escolhido coletivamente.

2. Escrevam uma apresentação explicando como os infográficos foram produzidos e qual é a finalidade do *blog*.

3. Os alunos da turma podem ler o trabalho dos colegas e deixar críticas construtivas no espaço de comentários do *blog*.

wavebreakmedia/Shutterstock.com

DICAS

ACESSE

Ciência Hoje das Crianças: <http://chc.org.br>. O objetivo da revista *Ciência Hoje das Crianças* é despertar a curiosidade científica de crianças e pré-adolescentes. No *site* é possível ler matérias da revista, quadrinhos, experimentos e curiosidades. Acesso em: 21 set. 2018.

Megacurioso: <www.megacurioso.com.br>. Apresenta curiosidades relacionadas a várias áreas do conhecimento. Acesso em: 21 set. 2018.

Minas faz Ciência: <http://minasfazciencia.com.br/infantil>. *Minas faz Ciência* em versão infantil é uma revista de divulgação científica que faz parte do projeto de mesmo nome, mantido pela Fundação de Amparo à Pesquisa do Estado de Minas Gerais (Fapemig). No *site* é possível ler as matérias da revista, curiosidades e experimentos. Acesso em: 21 set. 2018.

LEIA

Astronomia indígena, de Luiz Galdino (Nova Alexandria). O livro mostra como os antigos habitantes do Brasil, movidos pela necessidade e pela curiosidade, criaram monumentos que assinalavam os pontos cardeais e apontavam a direção do nascente e do poente do Sol, a direção da Lua e das estrelas. Esses monumentos foram importantes para a plantação e a colheita, assim como para a orientação em terra e mar.

Almanaque Ciência em show, de Wilson Namen, Gerson Santos e Daniel Ângelo (Master Pop). Para quem deseja aprender Ciências de um jeito divertido, esse livro é uma boa pedida. São mais de 50 experimentos que abordam temas como magnetismo, sustentabilidade e energia nuclear, apresentados de maneira fácil e didática para você realizá-los em casa.

↑ Claude Monet. *Ninfeias*, 1899. Óleo sobre tela, 197 cm × 847 cm. Flores aquáticas, as ninfeias, ou nenúfares, em diferentes cores, enfeitam até hoje o lago do jardim da casa de Monet.

UNIDADE 5

Poesia, poesia

NESTA UNIDADE
VOCÊ VAI:

- ler poemas e analisar sua forma de composição;
- estudar as imagens criadas pelos poetas e os recursos da linguagem poética;
- fazer um sarau poético;
- escrever um poema e apresentá-lo num *blog* ou *podcast*.

1. Observe com atenção a imagem. O que você vê?
2. Essa imagem é a reprodução de uma pintura impressionista.
   a) Que cor predomina na pintura?
   b) Em que momento do dia esse quadro deve ter sido pintado?
3. Essa imagem retrata realisticamente as ninfeias (ou lírios-d'água)? Explique.

CAPÍTULO 1

Neste capítulo, você vai ler alguns poemas e estudá-los. Na seção **Estudo da língua**, vai conhecer a linguagem denotativa e a linguagem conotativa. Por fim, com um colega ou sozinho, irá declamar um poema.

ANTES DE LER

Como você viu, a pintura de Monet, artista impressionista, é uma representação, uma criação com base na realidade. Nesse sentido, aproxima-se da poesia. Como? Você sabia que a palavra **poesia** vem do grego antigo *póiêsis* e significa "criação"? É também uma arte – a arte da palavra.

1. Veja a capa dos dois livros dos quais os poemas que você vai ler foram retirados.

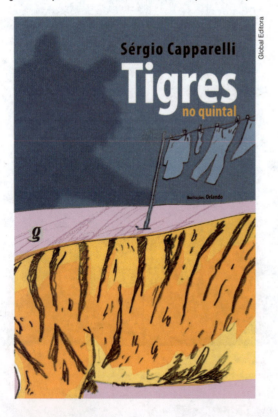
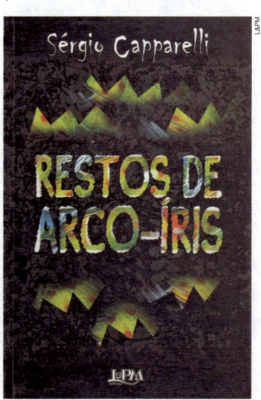

a) Qual das capas é mais sugestiva para o leitor infantil? Por quê?

b) Quanto aos títulos, em sua opinião, eles estão no sentido literal ou figurado? Por quê?

2. Os dois poemas deste capítulo são do escritor brasileiro Sérgio Capparelli. O título do poema 1 é "Urgente".

a) Em que situações e textos empregamos a palavra **urgente**?

b) Como você imagina que essa palavra poderia ser utilizada em um poema?

 **LEITURA**

Antes de ler o poema "Urgente", observe apenas a forma dele. Veja como as palavras estão organizadas na página.

1. Como você imagina que o Poema 1 deva ser lido?

2. A aparência desse poema remete a que objeto?

Poema 1

Agora leia o poema uma vez, silenciosamente.

Urgente

Uma
Gota
De
Orvalho
Caiu hoje, às 8h, do dedo anular
Direito do Cristo Redentor no
Rio de Janeiro.
Seus restos
Não foram
Encontrados.
A polícia
Não crê em
Acidente.
Suspeito:
O vento.

Meteorologistas,
Poetas, árvores,
Passarinhos choram
Inconsoláveis. Testemunha
Que presenciou a queda: – Horrível,
Ela se evaporou na metade do caminho.

Sérgio Capparelli. *Tigres no quintal*. São Paulo: Global, 2008. p. 120.

Sérgio Capparelli nasceu em Uberlândia (MG), em 1947. Morou em várias cidades no Brasil e no exterior, e trabalhou como professor universitário até se aposentar. Já recebeu diversos prêmios por suas obras infantojuvenis.

 **ESTUDO DO TEXTO**

Apreciação

1. Sua hipótese sobre o título do poema "Urgente" se confirmou? Como?

2. E sobre o objeto que o poema representa, sua hipótese se concretizou?

3. Pela primeira leitura, o que você entendeu?

4. Depois de ler o poema, como você interpreta o título?

5. Agora, seu professor lerá o poema em voz alta. Depois de ouvi-lo, responda: O que a leitura do poema em voz alta ressalta?

Interpretação

1. Qual é a relação entre o assunto do poema e a forma dele?

2. Em que sequência são apresentadas as ideias?

3. Essa sequência de ideias remete a qual gênero textual jornalístico? Justifique sua resposta.

4. Em que parte do jornal esse gênero ao qual o poema remete poderia ser publicado? Por quê?

5. Que fato é apresentado no poema?

6. Ao apresentar esse fato no poema, o eu lírico (a pessoa que fala no poema) assume o papel de que profissional? Copie a alternativa correta no caderno.
   a) Policial.
   b) Jornalista.
   c) Testemunha.
   d) Vítima.

7. Releia a segunda estrofe do poema. Os seres apresentados nessa estrofe têm alguma coisa em comum? Explique.

> Meteorologistas,
> Poetas, árvores,
> Passarinhos choram
> Inconsoláveis. Testemunha
> Que presenciou a queda: – Horrível,
> Ela se evaporou na metade do caminho.

8. Copie no caderno a(s) alternativa(s) que explica(m) melhor o efeito de sentido do poema.
   a) O poema trata de um assunto que merece ser noticiado.
   b) O poema representa, de forma poética e visual, um fato que nunca seria noticiado.
   c) O poema desenha com palavras, de forma poética, um ponto turístico do Rio de Janeiro.

Linguagem

1. Que palavras do poema são comumente empregadas em uma notícia policial?

2. No poema, alguns seres são humanizados. Escreva quem são esses seres e que ação ou característica humana apresentam.

> A **personificação** é uma figura de linguagem em que são atribuídas características e ações humanas a animais, objetos e seres inanimados.

3. Um poema pode ser organizado em versos e estrofes. Relembre:

> **Verso:** é cada linha do poema.
> **Estrofe:** é um conjunto de versos.

a) Em quantas estrofes o poema foi organizado?

b) O que diferencia a organização desse poema de outros organizados em versos e estrofes?

Uma maravilha!

Em 7 de julho de 2007, por meio de votação popular na internet, o Cristo Redentor tornou-se uma das Sete Novas Maravilhas do Mundo Moderno. Sua história, porém, começou muitos anos antes.

Concebido pelo padre francês Pierre-Marie Boss, no final do século XIX, a ideia só foi concretizada em 1921, quando o engenheiro Heitor da Silva Costa venceu a concorrência pública com seu projeto: a construção da estátua do Cristo no topo do Corcovado.

Depois de uma ampla campanha de arrecadação de fundos, o monumento foi construído. Inaugurado em 1931, tornou-se um dos mais importantes cartões postais do Brasil.

Poema 2

O poema que você vai ler a seguir foi publicado no livro *Restos de arco-íris*, cuja capa você viu na seção **Antes de ler**. Os textos dessa coletânea abordam sentimentos experimentados por pré-adolescentes. Converse com os colegas sobre isso.

1. O que a chuva representa para você?

2. Como você se sente quando está chovendo?

3. Que palavras e imagens vêm à sua mente quando pensa na chuva ou a vê pela janela?

4. Pelo título "Ah, essa chuva!", o que você supõe que o eu lírico esteja sentindo em relação à chuva? Por quê?

5. Faça uma leitura silenciosa do poema. Em seguida, você e alguns colegas podem voluntariar-se para lê-lo em voz alta.

Ah, essa chuva!

Chove na cidade.
A água resmunga pelas calhas
forma poças, enxurradas,
chove,
chove, chove sempre
desde toda a eternidade.

Às vezes um pé de vento
chicoteia na vidraça,
fecho a janela, sopro,
e o vidro embaça.
Desenho no vidro:
uma flor,
uma careta.
A careta sou eu. Boto a língua pra tal chuva
e ela aumenta, de pirraça.

A alegria choraminga pelos cantos,
roupas pingam no varal
e diz a mamãe "ah, essas horas..."
Da janela olho a rua,
meu Deus, quanta água!
Pingos dançam sobre as casas
qual mentira mal contada.

Penso no campo.
A goleira, três paus com tristeza dentro,
poças d'água pelo centro
onde atacam dois fantasmas.
– Pênalti – ruge o vento,
– É a tua – devolve a água.

E a chuva cai, não ouve nada.

O nosso encontro, Mariana, o nosso encontro na praça?
Nessa hora, de que brincas? de boneca? de senhora?
Acho graça, Mariana. Escreve, escreve cartas,
dobra em barcos e me envia na enxurrada.

Amanhã de manhã,
quem sabe?
A alegria que inda resta
sai ao sol batendo asas
e nós, a cidade e o mundo
encheremos toda a praça,
dançaremos de mãos dadas.

Sérgio Capparelli. *Restos de arco-íris*. Porto Alegre: L&PM, 1985. p. 8-9.

GLOSSÁRIO

Goleira: o mesmo que gol ou meta.
Pirraça: algo feito com intenção de magoar alguém; desfeita.

ESTUDO DO TEXTO

Apreciação

1. As imagens e palavras em que você pensou antes de ler o poema correspondem a algumas das palavras e imagem nele apresentadas? Explique.

2. Quais imagens ou sentimentos em relação à chuva, expressos no poema, você identificou em sua vida? Fale deles para os colegas.

3. Você levantou algumas hipóteses sobre o título do poema em relação ao conteúdo. Que sentido você atribui ao título depois de ler o poema?

Interpretação

1. Que palavras indicam o eu lírico no poema?

2. Como poderia ser descrito o eu lírico desse poema? Justifique com um trecho dele.

3. O eu lírico do poema manifesta alguns sentimentos. Selecione-os entre os escritos a seguir e os copie no caderno.

   a) medo
   b) tédio
   c) raiva
   d) frustração
   e) agitação
   f) tranquilidade
   g) esperança
   h) pena

4. Retire do poema trechos que exemplifiquem os sentimentos que você apontou na questão anterior e os copie no caderno.

Linguagem

1. Releia a primeira estrofe do poema.

> Chove na cidade.
> A água resmunga pelas calhas
> forma poças, enxurradas,
> chove,
> chove, chove sempre
> desde toda a eternidade.

a) Nessa estrofe, que palavras rimam no final dos versos?
b) Localize outras palavras que rimam nas demais estrofes do poema e copie-as no caderno.
c) Que palavra se repete nessa estrofe?
d) Que efeito de sentido a repetição dessa palavra reforça no poema?

137

2. Copie no caderno a(s) alternativa(s) que explica(m) melhor o uso da rima e o efeito que ela provoca no poema.

   a) A rima é usada para traduzir o sentimento do poeta.

   b) A rima provoca no ouvinte uma sensação agradável.

   c) A rima é utilizada no poema para criar sonoridade.

   d) A função da rima é a mesma das imagens poéticas.

3. Releia estes versos do poema.

> Chove na cidade.
> A água resmunga pelas calhas

   a) A forma verbal **resmunga** denota uma ação humana, uma personificação. Qual sentido se pode atribuir a essa forma verbal no verso?

   b) Localize no poema outras expressões em que ações humanas sejam atribuídas a outros elementos.

   c) Em sua opinião, que efeito as personificações causam no sentido do poema?

4. Releia mais estes versos.

> Pingos dançam sobre as casas
> qual mentira mal contada.

   a) A que são comparados os pingos caindo?

   b) Que palavra estabelece a comparação?

   c) Em sua opinião, essa é uma comparação usual, comum no dia a dia? Explique.

   d) Como você interpreta essa comparação?

> A **comparação** também é uma figura de linguagem. Nela as palavras são empregadas fora do sentido usual, numa relação de semelhança.

 CURIOSO É...

A chuva pode alterar nosso humor?

Alguma vez você teve de cancelar um passeio ao ar livre por causa da chuva? Ou ficou preso numa enchente ou alagamento? Viu encharcar toda a roupa no varal? Realmente a chuva pode causar alguns transtornos, afetar nossa rotina e nos deixar irritados, principalmente quando temos de enfrentar um longo período chuvoso.

Caso os dias chuvosos deixem você melancólico, espante a tristeza fazendo coisas de que gosta, como praticar exercícios, brincar com a família e amigos, ler um livro, assistir a vídeos e séries, desenhar ou contar e ouvir histórias. Os dias chuvosos podem ser muito bons e inspiradores também. Que tal observar a chuva da sua janela e buscar inspiração para um novo poema?

Linguagem denotativa e linguagem conotativa

Em poemas são usados diferentes recursos de linguagem para produzir novos sentidos. Mas a linguagem poética não aparece apenas nos poemas. Vamos conhecer outros usos dela?

1. Leia o título e o resumo dos três livros a seguir.

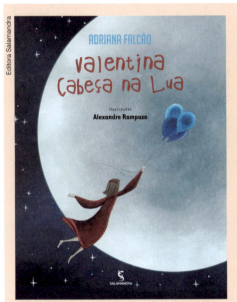

Perguntas, perguntas... A cabeça de Valentina é cheia delas.

Mas ela não gosta de ficar pensando em coisas pequenas, como tabuada, escovar os dentes ou tomar banho. O que ela gosta mesmo é de voltar a atenção para coisas que realmente importam, como sentimentos ou gotas de chuva, e de observar uma gelatina balançando.

Valentina prefere as perguntas cujas respostas exigem que o pensamento voe lá para longe. Dizem até que ela tem a cabeça na Lua. Ou será que é a Lua que não sai da cabeça de Valentina?

Disponível em: <www.moderna.com.br/catalogo-2/catalogo-arquivo-de-release-143.htm>. Acesso em: 16 jan. 2019.

Nessa obra, a autora procura sanar algumas dúvidas das crianças sobre o Sistema Solar. O livro aborda temas como a importância do Sol, quais os planetas mais próximos do Sol, qual planeta é melhor para vivermos, por que a Lua muda de forma, por que Marte é chamado de planeta vermelho, quais os maiores planetas, o que é Espaço Sideral e muito mais. Além disso, o leitor pode encontrar um glossário no fim do livro.

Disponível em: <https://www.fnac.pt/mp10487846/Por-Que-A-Lua-Muda-De-Forma>. Acesso em: 16 jan. 2019.

139

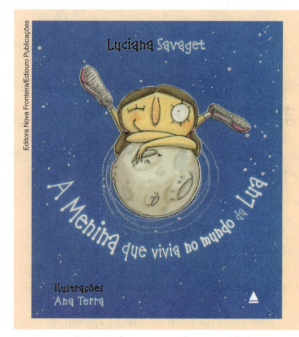

O que será que acontece de verdade na cabeça de Victória, essa menina tão avoada que é capaz de esquecer até o próprio nome? Nesse livro, você vai descobrir que viver no mundo da Lua pode ter um significado muito especial.

Disponível em: <www.ediouro.com.br/pesquisa?search_api_views_fulltext=a+menina+que+vivia+no+mundo+da+lua>. Acesso em: 16 jan. 2019.

a) A palavra **Lua** não é usada com o mesmo sentido nos três livros. Explique o significado de **Lua** em cada título.

b) Pesquise o significado da palavra **Lua** no dicionário.

c) Em qual dos títulos a palavra **Lua** se refere ao sentido do dicionário? Justifique sua resposta.

Dependendo do contexto, as palavras ganham novos significados, distintos daqueles que encontramos no dicionário.

A linguagem figurada, simbólica, está presente na literatura, na música, na arte e no cotidiano, nas expressões e provérbios, e em várias situações de comunicação.

Um exemplo é o uso da palavra **Lua** nos títulos dos livros acima. O significado da palavra se modifica nas diferentes situações.

> As palavras podem ser utilizadas no **sentido denotativo** – de acordo com o dicionário – ou no **sentido conotativo** – uso simbólico, figurado.

ATIVIDADES

1. Os nomes dos animais são usados em várias expressões do cotidiano no sentido figurado. Explique o significado das palavras destacadas em cada situação.

a) O jogador foi **um leão** em campo.

b) Aquele cantor é **um gato**.

c) O corredor parecia **uma tartaruga**.

d) Hoje eu tive um **dia de cão**.

e) O rapaz é **fera** no computador.

140

2. Leia o poema.

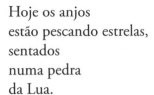
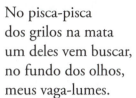

Pescaria noturna

Hoje os anjos
estão pescando estrelas,
sentados
numa pedra
da Lua.

É que as nuvens
passam férias
no Japão.

No pisca-pisca
dos grilos na mata
um deles vem buscar,
no fundo dos olhos,
meus vaga-lumes.

São as iscas noturnas
que os anjos
usam
pra pescar
meu coração.

Antônio Barreto. Pescaria noturna. In: _____. *Brincadeiras de anjo*.
São Paulo: FTD, 1996. p. 35.

Fotos: Dale Darwin/Getty Images

a) O poema é composto de várias cenas. Que substantivos representam esses lugares no poema? Como eles são?

b) Como parece estar o céu nessa noite de pescaria? Justifique sua resposta.

c) O poema faz uma comparação com uma pescaria: Quem é o pescador? O que ele usa como isca?

d) Qual é a função dos vaga-lumes na pescaria noturna?

e) Que trecho do poema você achou mais bonito? Ilustre esses versos no caderno.

3. Leia o título do texto a seguir.

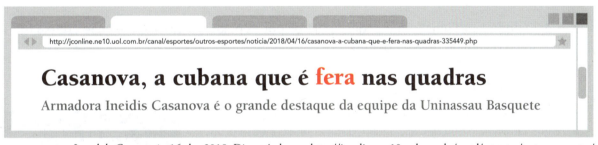

Jornal do Commercio, 16 abr. 2018. Disponível em: <http://jconline.ne10.uol.com.br/canal/esportes/outros-esportes/noticia/2018/04/16/casanova-a-cubana-que-e-fera-nas-quadras-335449.php>. Acesso em: 16 jan. 2019.

• Qual é o sentido da palavra destacada no título?

Em dupla

4. Nos provérbios e ditados populares, as palavras também são usadas no sentido figurado. Junto com o colega, pesquisem os provérbios a seguir para descobrir os significados deles e em que situações são usados. Você pode também entrevistar familiares ou amigos para entender os provérbios. Compartilhe suas descobertas com a turma.

a) Uma andorinha sozinha não faz verão.

b) A mentira tem pernas curtas.

c) Água mole em pedra dura tanto bate até que fura.

d) De grão em grão, a galinha enche o papo.

AQUI TEM MAIS

Poemas visuais e ciberpoemas

Na seção **Leitura** deste capítulo, você observou um poema visual. Muitos poetas se dedicaram, desde os anos 1950, a novas formas de composição que valorizassem não somente a palavra como também a folha de papel ou o espaço em que o texto era escrito, ou seja, a forma do poema. Entre esses poetas, temos Augusto de Campos, Haroldo de Campos, Décio Pignatari, Mário Chamie e Ferreira Gullar.

A integração entre a disposição das palavras, a forma do poema e a utilização dos espaços contribui para que o leitor compreenda o sentido das palavras selecionadas pelo poeta.

Leia um exemplo de poema visual.

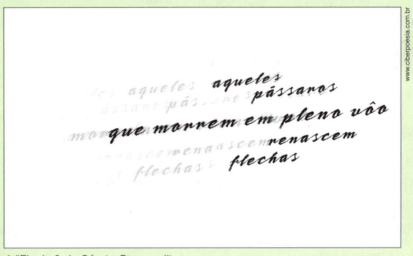

↑ "Flecha", de Sérgio Capparelli.

1. O poema usa uma forma original para dispor as palavras. Qual é a relação entre a forma e o sentido desse poema?

Nos anos 1970 e 1980, outros autores – como os poetas Chacal, Paulo Leminski e Sérgio Capparelli – dedicaram-se a essa produção e ampliaram, em seus poemas, as experimentações dos poetas dos anos 1950.

Os irmãos Campos e Pignatari continuaram criando poemas que envolviam recursos sonoros, além de imagem. Haroldo de Campos e Pignatari já morreram; Augusto de Campos continua ativo e fazendo poemas com recursos verbais, visuais e sonoros. Você pode acessar o *site* dele: <www2.uol.com.br/augustodecampos/home.htm> (acesso em: 16 jan. 2019).

Já Sérgio Capparelli e Ana Cláudia Gruszynski desenvolveram o projeto Ciber & Poemas, que você pode consultar em: <www.ciberpoesia.com.br> (acesso em: 16 jan. 2019).

- Clique em **Poesia visual** e escolha um dos poemas.
- Depois, clique em **Ciberpoemas** e interaja com o mesmo poema que você leu em **Poesia visual**.

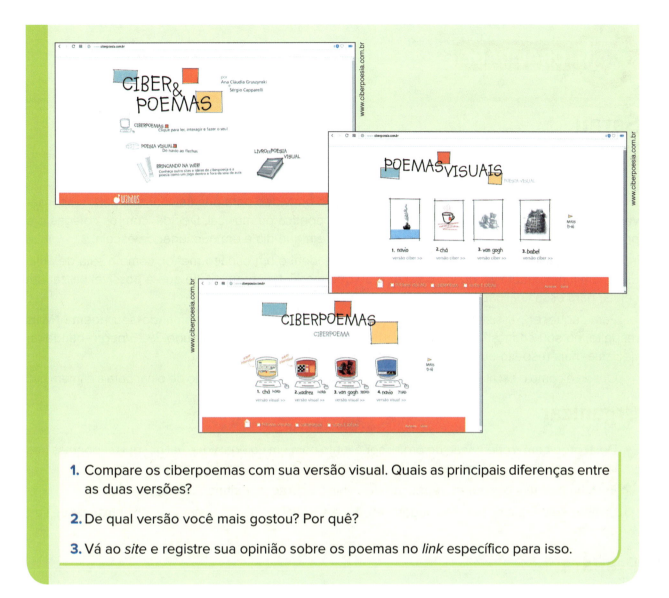

1. Compare os ciberpoemas com sua versão visual. Quais as principais diferenças entre as duas versões?

2. De qual versão você mais gostou? Por quê?

3. Vá ao *site* e registre sua opinião sobre os poemas no *link* específico para isso.

DICAS

ACESSE

L&PM WebTV: <www.lpm-webtv.com.br/site/default.asp?TroncoID=539000&SecaoID=529280&SubsecaoID=0>. Na aba **VideoPoemas**, você encontra poemas de Sergio Caparelli, Cecília Meireles, Manuel Bandeira e Mário Quintana. Acesso em: 21 set. 2018.

BAIXE

Crianceiras (Webcore Games). Aplicativo com poemas de Manoel de Barros, musicados por Márcio de Camillo, ilustrados e animados pelas "iluminuras" de Martha Barros, artista plástica e filha do poeta. Gratuito, o app contém poemas, músicas e clipes, e está disponível para os dois sistemas operacionais mais utilizados no Brasil.

OUÇA

Crianceiras, de Márcio de Camillo. Tratore, 2011. Poemas de Mário Quintana musicados pelo compositor e músico Márcio de Camillo.

LEIA

Antologia ilustrada da poesia brasileira para crianças de qualquer idade, seleção de Adriana Calcanhoto (Edições de Janeiro). Adriana Calcanhoto, cantora e compositora gaúcha, selecionou poemas de diferentes momentos da literatura brasileira dos séculos XIX, XX e XXI.

Poemas de brinquedo, de Álvaro Andrade Garcia (Peirópolis). Livro audiovisual e interativo, disponível em papel e em aplicativo. O leitor encontra poemas para brincar, trava-línguas, palavras inventadas, jogo do dicionário. Para crianças a partir de 4 anos de idade e adultos.

Sarau

Para começar

Você e os colegas vão fazer um sarau e gravá-lo em vídeo para encaminhar aos pais, responsáveis e familiares. Um sarau é uma reunião cultural, poética ou musical. Decida, com os colegas e o professor, a quem vocês apresentarão os poemas, em que dia e em que lugar da escola.

Se não houver microfone no lugar escolhido, o ideal é um espaço menor, como a sala de aula. Escolham juntos quem vai gravar o sarau e de que modo. Lembrem-se de que é possível utilizar um celular para essa finalidade.

Para "aquecer", assistam ao vídeo do escritor Pedro Bandeira declamando seu poema "Mais respeito, eu sou criança!", no endereço: <https://novaescola.org.br/conteudo/3925/pedro-bandeira-declama-mais-respeito-eu-sou-crianca> (acesso em: 16 jan. 2019).

Observe como o escritor interpreta o poema: o tom de voz usado, o modo de olhar para a câmera etc.

Organizar

1. De acordo com a orientação do professor e junto com um colega, você vai pesquisar poemas nos livros da biblioteca ou em *sites* dos próprios poetas ou de saraus e *slams*.
2. Escolha poemas com rimas, repetição de versos e de sons, e ritmo marcado.
3. Lembre-se de que os poemas podem referir-se aos mais variados temas. Escolha um tema de seu agrado.

Preparar

Se for apresentar um poema sozinho

1. Tenha em mente que é preciso preparar o poema para o público ao qual ele se destina (você e os colegas já decidiram isso, no início desta atividade).
2. Leia o poema, conheça-o profundamente.
3. Observe a pontuação. Se o poema não for pontuado, leia-o em voz alta e perceba o ritmo dele. Isso vai determinar como será sua leitura.
4. Faça um desenho que possa representar cada estrofe ou cada parte do poema. Assim, você dará um significado a cada trecho e isso o ajudará a memorizar o poema.
5. Leia o poema para você mesmo, como se o estivesse lendo para o público. Tente sentir, viver o poema.
6. Procure entender os sentimentos do eu lírico; mergulhe em suas características.

Se for apresentar um poema com um colega

1. Decidam juntos que parte do poema cada um vai apresentar.
2. Discutam os sentimentos do eu lírico e procurem caracterizar o poema de acordo com as pistas que ele oferece.
3. Reservem alguns momentos de preparação para a apresentação.

Apresentar

Depois de preparar o poema, é importante criar o clima no espaço onde o sarau ocorrerá.

1. Dependendo das possibilidades do espaço, divida-o: um palco para a apresentação e um lugar para a plateia, em que os ouvintes possam sentar-se. Reserve também um espaço para que a pessoa responsável pela filmagem se posicione, evitando a imagem tremida ou cortada. Essa pessoa deverá, também, fazer um teste de som e iluminação.
2. Almofadas ou panos coloridos poderão dar um toque diferente ao espaço e ajudar os ouvintes a entrar no clima da apresentação.
3. Conforme o público, você pode fazer um fundo musical. Prefira músicas instrumentais que combinem com o poema escolhido.

Avaliar

1. Como foi participar de uma apresentação em um sarau?
2. Como foi assistir à apresentação dos colegas?
3. De quais poemas você mais gostou?
4. Em sua opinião, qual foi a melhor escolha de texto para a apresentação?
5. O que você modificaria em sua apresentação ou na organização do evento?

Compartilhar

1. Com o professor e os colegas, vejam como ficaram as gravações dos poemas. Não é necessário regravar a apresentação. O importante é mostrar o trabalho e explicar o processo de forma bem simples e objetiva.
2. Decidam, com os colegas, por qual rede social privada vocês encaminharão o vídeo aos pais e responsáveis. Existem algumas opções muito utilizadas no dia a dia que podem ser úteis à divulgação dos trabalhos da turma.

Sarau da 14ª Festa Literária Internacional de Paraty, 2016.

CAPÍTULO 2

Neste capítulo, você vai ler e estudar outro poema. Também vai ampliar seu conhecimento sobre acentuação gráfica de ditongos e hiatos e, por fim, criar um poema e apresentá-lo em um *blog* ou *podcast*.

Você vai ler um poema de Pedro Bandeira, um grande escritor da literatura dedicada a jovens e crianças. Na seção **Oralidade** do Capítulo 1, você o viu declamando um de seus poemas.

1. O título do poema é "Vento perdido". O que o título lhe sugere?
2. Que imagens lhe ocorrem quando você pensa no vento? Descreva-as para os colegas.

Faça uma leitura silenciosa e, em seguida, ouça a leitura do professor.

Vento perdido

Vem que vem o vento,
vem que sopra num momento;
vou, montado num jumento,
cavalgar o arco-íris.

Vem que vem cantar,
vem que vem sobrar,
vem que vai voltar,
vem que vai trazer
tudo aquilo que eu tive
e que o vento carregou,
quando eu estava distraído
a olhar pro meu umbigo,
e o momento já passou.

Vem que o vento volta,
devolvendo o meu sonho;
pesadelo tão medonho
que eu não quero nem lembrar.

Vem que vai ventar,
vem que vai voltar,
vento vai ventar,
apagando num momento
todo o arrependimento
de um vento tão ventado,
de um momento tão demais,
de um vento tão perdido
que não vai ventar jamais...

Pedro Bandeira. *Cavalgando o arco-íris*. São Paulo: Moderna, 1999. p. 32.

146

Apreciação

1. Antes de ler o poema, você levantou hipóteses com base no título. Elas se confirmaram?

2. As imagens relacionadas ao vento que você imaginou se concretizaram no poema? Quais?

3. O que mais chamou sua atenção ao ler e ouvir o poema?

Interpretação

1. Releia a primeira estrofe. Que sentidos pode ter "cavalgar o arco-íris"?

2. Releia a segunda e a terceira estrofe do poema.
    a) O que significa a expressão "olhar pro meu umbigo"?
    b) O que pode ter acontecido ao eu lírico na segunda estrofe?

3. Qual é o tema do poema? Copie no caderno a alternativa correta.
    a) A força do vento e a destruição que pode provocar.
    b) A passagem do tempo, representada pelo vento.
    c) A tristeza de uma criança em relação ao vento.

4. Na última estrofe, qual é a impressão do eu lírico, o que ele deseja?

Linguagem

1. Releia a primeira e a segunda estrofe do poema.
    a) Que palavra se repete nessas estrofes?
    b) Que palavras se iniciam pela mesma consoante?

2. Localize na primeira estrofe:
    a) palavras com os mesmos sons no início;
    b) palavras com os mesmos sons no meio ou no final.

3. Que efeito de sentido essas repetições sugerem no poema?

O QUE APRENDEMOS COM O ESTUDO DE POEMA

- Os poemas podem se organizar em versos e estrofes.
- Os poemas podem apresentar rimas e ritmo.
- Os poemas podem empregar linguagem conotativa e figuras de linguagem.
- A escolha ou repetição de fonemas (sons) e palavras atribui sonoridade e ritmo ao poema.
- Nos poemas visuais, a forma e o conteúdo estão relacionados.

ENTRELAÇANDO LINGUAGENS

1. O cartaz a seguir foi criado por uma dupla de artistas que faz uma ocupação poética e crítica dos espaços da cidade. Observe a imagem, que usa a linguagem verbal e a não verbal para expressar uma ideia, e faça o que se pede.

© 2010 Poro - intervenções urbanas e ações efêmeras

Poro. Redezero. Disponível em: <http://poro.redezero.org/cartazes/cartaz-plante-novas-arvores-na-sua-rua/>. Acesso em: 16 jan. 2019.

a) Qual é a ideia principal do cartaz?
b) O cartaz foi afixado em vários espaços públicos da cidade de Belo Horizonte. Quem são os prováveis leitores do cartaz?
c) Considerando que o cartaz foi produzido por artistas com uma visão crítica e poética da cidade, com que finalidade você supõe que ele tenha sido elaborado?
d) Observe a árvore no cartaz. Que novo sentido ela ganha ao ser posta, "plantada", em um coração?
e) O fundo do cartaz é verde. Qual é a relação entre a cor do cartaz e as ideias nele apresentadas?

Em dupla

f) Imaginem que vocês foram convidados a participar de uma campanha para proteger as árvores ameaçadas de uma praça que fica em frente à escola, pois querem retirá-las para construir um campo de futebol.
- Que imagens ou palavras poderiam expressar suas ideias para defender esse espaço?
- Converse com o colega e planeje como seria o cartaz da campanha: a quem seria dirigido, onde seria afixado, que argumentos seriam usados para convencer o leitor.

148

PRODUÇÃO ESCRITA

Poema

Para começar

Você escreverá um poema. Para isso, poderá utilizar alguns dos recursos estudados nesta unidade: rima, ritmo, repetição de sons, de palavras etc. Esse poema poderá ser publicado num *blog* da turma ou gravado em *podcast*.

Criar e desenvolver

1. Pense em um tema para desenvolver em seu poema e observe os aspectos a seguir.
   a) Que palavras relacionadas a esse tema poderiam rimar?
   b) Escreva essas palavras e as que rimam com elas.
2. Crie versos.
   a) Releia-os: eles estão de acordo com o que você imaginou?
   b) Refaça os versos quantas vezes quiser, corte palavras, substitua-as.
   c) Tenha um dicionário disponível para ajudá-lo a encontrar sinônimos que combinem mais com suas ideias e com outras palavras.
   d) Você pode organizar os versos em estrofes ou deixá-los soltos. As estrofes não precisam ter um número determinado de versos.
3. Escreva o esboço do poema.

Revisar

1. Troque seu poema com um colega.
2. Dê sugestões ao colega para enriquecer o trabalho dele.
3. Revise seu poema considerando as sugestões do colega. Em seguida, entregue-o ao professor, que também corrigirá seu texto.
4. Refaça o poema na versão definitiva.

Compartilhar

Reúna-se com os colegas e, juntos, publiquem os textos na mídia escolhida: *blog* ou *podcast*. Divulgue o trabalho de vocês para os colegas de outras turmas.

Acentuação gráfica: ditongos e hiatos

1. Leia o poema.

Nó no pescoço

Uma girafa distraída
No pescoço deu um nó,
Veio então o doutor,
Não acredito, vejam só!

Esse nó por ser cego
Não consigo desatar
E a girafa ficou roxa
De tanta falta de ar.

Um marinheiro de folga
Quis saber o que sucedia
E, especialista em nós,
Desatou o nó que havia.

A girafa correu ao porto
E para o marinheiro sorriu
e com ele, em seu barco,
Nas nuvens do céu sumiu.

Sérgio Capparelli. *Tigres no quintal*. São Paulo: Global, 2008, p. 49.

a) Por que o marinheiro foi mais eficiente do que o doutor para salvar a girafa?

b) Relembre a regra de acentuação gráfica de palavras monossílabas. Quais palavras do quadro seguem a mesma regra de acentuação que **nó**? Escreva-as no caderno.

| só | café | pá | médico | pé | baú |

c) Separe em sílabas as palavras **distraída** e **céu**.

d) Em qual dessas palavras as vogais ficaram na mesma sílaba? Em qual ficaram separadas?

> O encontro de duas vogais na mesma sílaba é denominado **ditongo**. O encontro de duas vogais em sílabas separadas recebe o nome de **hiato**.

Acentuação gráfica dos hiatos

Os hiatos recebem acento gráfico agudo quando a segunda vogal deles for a letra **i** ou **u** tônicas, seguidas ou não de **-s** (exemplos: **sa-ú-de, sa-í-da, e-go-ís-mo**).

Há exceções para essa regra: os hiatos seguidos de **-nh** não são acentuados (exemplo: **ra-i--nha**); também não são acentuados os hiatos **-i** ou **-u** quando formam sílabas com outras letras que não o **-s** (exemplos: **ju-iz, ca-ir**).

Acentuação gráfica dos ditongos

Observe as palavras: constr**ói**, chap**éu**, pap**éis**.

Todas essas palavras são oxítonas, ou seja, a tônica está na última sílaba.

Os ditongos abertos **éi**, **éu** e **ói** são acentuados quando aparecem na sílaba tônica de palavras oxítonas.

ATIVIDADES

1. Leia o título das notícias. Nas palavras destacadas, há um encontro de duas vogais.

Folha de S.Paulo, 11 jul. 2018. Disponível em: <https://f5.folha.uol.com.br/cinema/2018/07/primeira-imagem-de-shazam-mostra-traje-do-heroi-vivido-por-zachary-levi.shtml>. Acesso em: 16 jan. 2019.

Isabela Leite. G1, 10 fev. 2015. Disponível em: <http://g1.globo.com/sao-paulo/blog/como-economizar-agua/post/arquiteto-adapta-sifao-que-facilita-reuso-da-agua-armazenada-no-tanque-de-roupa.html>. Acesso em: 16 jan. 2019.

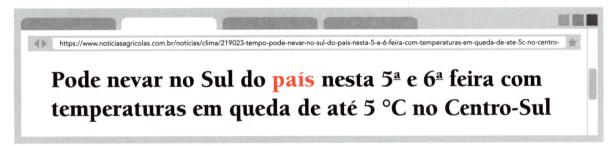

Notícias Agrícolas, 9 ago. 2018. Disponível em: <www.noticiasagricolas.com.br/noticias/clima/219023-tempo-pode-nevar-no-sul-do-pais-nesta-5-e-6-feira-com-temperaturas-em-queda-de-ate-5c-no-centro-sul.html#.W22xBOhKjIU>. Acesso em: 16 jan. 2019.

a) Separe em sílabas as palavras destacadas.
b) Em qual dessas palavras as vogais ficaram na mesma sílaba?
c) Em qual(is) palavra(s) as vogais ficaram em sílabas separadas?
d) Justifique a acentuação gráfica dessa(s) palavra(s).

CONSTRUIR UM MUNDO MELHOR

Imagens poéticas expressam visões de mundo

A poesia expressa-se por palavras e por imagens. Podemos exprimir pensamentos, sentimentos e críticas por meio de poema visual, intervenção na paisagem urbana, grafite nos muros da cidade etc.

Para que você se inspire, veja algumas sugestões de poesias, imagens e intervenções que traduzem pensamentos de diferentes formas.

1. Acesse o *link* <www.arnaldoantunes.com.br/upload/artes_1/276_g.jpeg> (acesso em: 16 jan. 2019) e leia um poema visual de Arnaldo Antunes. Depois responda às perguntas a seguir.

    a) O que esse poema significa para você?

    b) O que essa imagem sugere?

    c) Qual é a relação entre a forma e as palavras que aparecem na imagem?

Se você quiser conhecer mais obras de Arnaldo Antunes, visite o *site* do artista: <www.arnaldoantunes.com.br/new/> (acesso em: 16 jan. 2019).

2. Outra forma de intervir no espaço e transformá-lo é por meio de ações que modificam o olhar das pessoas sobre o lugar onde vivem.

O coletivo Escala Humana, por exemplo, incentiva as pessoas a cuidar da natureza e a interagir com a cidade plantando temperos em postes de São Paulo. Observe na fotografia de 2015.

3. Há também uma intervenção urbana na Travessa Paschoal Astolpho, no bairro da Lapa, na cidade de São Paulo.

As paredes da viela ganharam pintura azul e agora elas dão, a quem anda por ela, a sensação de um túnel aquoso, que remete ao rio que já passou por lá um dia. Veja na fotografia de 2018.

O que você vai fazer?

Vocês e os colegas vão pensar em intervenções no espaço da escola ou de um lugar próximo a ela. Podem criar poemas visuais ou algo que interfira no lugar escolhido e desperte a atenção das pessoas. A produção final pode ser apresentada em cartazes, em espaços virtuais ou exposta como uma criação coletiva nos muros da escola ou nas paredes da sala de aula.

Preparação

1. Formem grupos de três ou quatro alunos. Pesquisem poemas visuais na internet ou na biblioteca. Sugestões: Arnaldo Antunes, Ferreira Gullar, Paulo Leminski, Augusto de Campos, Sérgio Capparelli.

2. Depois de lerem os poemas, façam uma lista das principais características que observaram nos poemas. Quais eram os temas dos poemas? Que recursos foram usados (cores, formas, tipos de letra, ocupação do espaço, imagens)?

3. Pesquisem também intervenções urbanas. Sugestões: Eduardo Srur e Coletivo Boa Mistura.

Produção

1. Antes de escrever o poema ou escolher a intervenção urbana, é necessário decidir onde o trabalho será exposto. Esse dado deve ser considerado na hora de escolher os recursos visuais. É preciso prestar atenção para que o trabalho fique visível no espaço que ocupar.

2. Também é preciso pensar em quem serão os leitores: os alunos da escola, os moradores do bairro ou um número maior de pessoas.

3. Cada grupo escolherá o assunto do poema ou da intervenção. Há várias possibilidades: falar de um sentimento, fazer uma crítica, apoiar uma ideia etc.

4. Vocês podem tratar de diferentes temas: os sonhos dos jovens, os problemas da cidade, cuidados com a natureza, os desejos do cidadão etc.

5. Com a ideia na cabeça, é hora de produzir. Que recursos serão usados para expressar essas ideias: uma imagem, cores, tipos diferentes de letra?

Avaliação

1. Os grupos podem trocar as produções e fazer sugestões sobre elas. Avaliem se:
   - é possível entender a ideia principal do poema;
   - há um diálogo entre a forma e as palavras.

2. Se puderem, façam sugestões de uso das cores, letras ou formas.

Apresentação

1. Depois de pronta, a produção será apresentada aos leitores. Em um dia combinado, haverá um evento para mostrar o que foi produzido. Pode ser uma apresentação em sala de aula, se for um cartaz. Pode também ser um evento externo, se a produção estiver nas paredes ou muros da escola.

2. A turma decide quem serão os convidados e, na data combinada, cada grupo pode explicar aos visitantes o processo de criação.

↑ Ana Denise. *Samba de coco*, 2017. Acrílico sobre tela, 30 cm × 50 cm.

UNIDADE 6
Histórias que o povo conta

NESTA UNIDADE
VOCÊ VAI:

- estudar características do gênero conto popular;
- ler um poema de cordel;
- recontar um conto popular;
- reconhecer as variedades da língua;
- recordar as regras do uso da letra **x**.

1. O que mais chamou sua atenção na pintura. Por quê?
2. Em que lugar os personagens da pintura estão?
3. O título da pintura reproduzida é *Samba de coco*. Você conhece essa dança? Qual é a origem dela?
4. A artista Ana Denise é de Sergipe e representou na pintura uma tradição de samba de coco de seu estado. Além de Sergipe, essa festa acontece em outros lugares do Brasil? Quais?

155

CAPÍTULO 1

Neste capítulo, você vai ler um conto de artimanha protagonizado pelo personagem Pedro Malasartes e depois recontará uma história com ele. Você conhecerá melhor o conto popular, analisará as características dos personagens, a linguagem empregada, a origem desse gênero, entre outros aspectos. Na seção **Estudo da língua**, conhecerá variedades de nossa língua.

ANTES DE LER

Contar e ouvir histórias são atividades muito antigas. Provavelmente remontam a um período anterior à invenção da escrita. Antigamente, a única forma de conhecer histórias era ouvindo-as de outras pessoas. E hoje? De que outras maneiras, além da narrativa oral, conhecemos histórias?

Observe estas imagens.

↑ Kiara Terra, contadora de história, em contação para um grupo de crianças.

↑ Mulheres da etnia guarani mbyá contam a crianças histórias da tradição oral sobre o milho. Aldeia Kalipety, no bairro de Parelheiros, São Paulo, SP, 2017.

1. Você já ouviu histórias de familiares ou de algum contador de histórias? Como foi?

2. Você conhece histórias da tradição oral, isto é, que foram contadas de geração a geração?

Assim como o samba de coco, o primeiro conto que você lerá nesta unidade é o resultado da união de elementos das culturas europeias, africanas e indígenas, e chegou até nós pela tradição oral, ou seja, a história foi contada de geração para geração e só depois registrada em livro.

Você já ouviu alguma história com Pedro Malasartes? Trata-se de um personagem da cultura popular trazido pelos portugueses. É comum em contos da tradição oral de Portugal e Espanha. Aqui, misturou-se com as culturas indígenas e africanas e ganhou características próprias.

O conto que você lerá tem versões diferentes pelo fato de sua origem vir da tradição oral. O texto é uma versão da história que a escritora Ana Maria Machado escutava quando era criança. Trata-se de um conto de artimanha.

- Leia o título. Será que você já ouviu alguma versão dessa história?

Pedro Malasartes e a sopa de pedra

Um dia, Pedro Malasartes vinha pela estrada com fome e chegou a uma casa onde morava uma velha muito pão-dura.

– Sou um pobre viajante, faminto e cansado. Venho andando de muito longe, há três anos, três meses, três semanas, três dias, três noites, três horas...

– Pare com isso e diga logo o que quer – interrompeu a mulher.

– É que estou com fome. Será que a senhora podia me ajudar?

– Não tem nada de comer nesta casa – foi logo dizendo a velha.

Ele olhou em volta, viu um curral cheio de vacas, um galinheiro cheio de galinhas, umas gaiolas cheias de coelhos, um chiqueiro cheio de porcos. E mais uma horta muito bem cuidada, um pomar com árvores carregadinhas de frutas, um milharal viçoso, uma roça de mandioca.

– Não, a senhora entendeu mal. Eu não preciso de comida, não. Só queria era uma panela emprestada e um pouco d'água. Se a senhora me deixar usar seu fogão, eu já estou satisfeito. Porque aqui no chão tem muita pedra, e isso me basta. Eu faço uma sopa de pedra maravilhosa e não preciso de mais nada, já fico de barriga cheia.

Desse jeito, ela não tinha como negar. Então deixou. Meio de má vontade, mas deixou. Só repetiu:

– Sopa de pedra?

– É... – disse ele, se abaixando para pegar uma pedra no chão – Com esta pedra aqui, eu faço a sopa mais deliciosa do mundo. O importante é lavar bem, esfregar bem esfregadinho e deixar a pedra bem limpa antes de botar na panela.

E Malasartes então tratou de lavar bem a pedra, como disse. Em seguida, encheu a panela com água, pôs a pedra dentro e botou tudo no fogo. Quando a água começou a ferver, ele provou e disse:

– É... até que não está ruim... Só não vai ficar boa mesmo, de verdade, porque não tem sal.

– Não seja por isso – disse a velha. – Eu tenho e lhe dou uma pitada.

– Ótimo. Com um pouquinho de cebola e alho, fica melhor ainda.

– Não seja por isso – disse ela. – Eu lhe arrumo.

– E um temperinho verde, da horta, será que não tem? Dá um gostinho especial na sopa...

– Vá lá, não é por isso que essa sua sopa vai ficar sem gosto.

Foi pegar tudo o que Pedro Malasartes pediu e voltou depressa para o lado dele. Estava louca para aprender a fazer aquela sopa. Podia ser mesmo uma sorte receber aquele viajante em casa. Se ele lhe ensinasse a se alimentar só com uma sopa feita de pedra e água, com certeza ela ia economizar muito daí por diante.

Mas não pôde ficar muito tempo na beira do fogão, observando. Porque logo que Pedro jogou os ingredientes na panela e deu uma mexida, ele tornou a provar e fez uma cara de quem estava em dúvida.

– O que foi? – perguntou a mulher.

– Não sei bem. Parece que falta alguma coisa neste caldo. Talvez um pedacinho de carne ou de linguiça...

– Não seja por isso – respondeu ela. – Se é uma sopa tão maravilhosa e tão econômica assim, não vai ser por um pedacinho de carne que vamos perder essa maravilha.

157

Foi lá dentro e voltou com um pedaço de carne, outro de paio e uma linguiça. Malasartes jogou tudo dentro da panela. Deixou cozinhar mais um pouquinho e então respirou fundo:

— Está começando a ficar cheirosa, não acha?

— É mesmo — concordou a velha, interessada.

— O problema é que vai ficar meio sem graça assim branquela, sem cor. O gosto está bom, mas fica sempre melhor quando a gente tem um pouco de colorido para enfeitar. Um pedaço de abóbora, umas folhas de couve, de repolho, uma cenourinha, uma batatinha... mas isso não é mesmo muito importante, a senhora não acha? É só aparência...

A mulher, louca para aprender bem a fazer aquela sopa preciosa, foi dizendo:

— Não seja por isso. Vou ali na horta buscar.

Voltou carregada de tudo o que ele pediu e mais um nabo, dois maxixes, uma batata-doce, um chuchu, uma espiga de milho. Até uma banana-da-terra. A essa altura, ela já não se limitava a ficar olhando. Tratava de ajudar mesmo, para andar depressa e também para ela ter certeza de que não estava perdendo nenhuma etapa da preparação daquele prato tão maravilhoso e econômico. Por isso, foi logo lavando todas as verduras para tirar a terra e limpar bem, descascou o que era de descascar, e foi passando para Pedro, que cortava e jogava na panela.

E o fogo, ó, ia esquentando. E a água, ó, ia fervendo. E a sopa, ó, ia borbulhando.

Os dois esperavam, sentindo aquele cheiro ótimo. De vez em quando, Malasartes provava. E suspirava:

— Hum! Está ficando gostosa...

— Está mesmo um cheiro delicioso — concordava a velha.

Daí a pouco, ele provou de novo e concluiu:

— Pronto! Agora está perfeita! Uma delícia! É só tomar.

A velha trouxe dois pratos fundos, e ele serviu. Ela ficou olhando, para ver o que ele fazia com a pedra, mas Pedro deixou a pedra na panela.

— E a pedra? – perguntou.

— A gente joga fora.

— Joga fora?

— É... Ou então lava bem e guarda para fazer outra sopa no dia em que for preciso enganar outro bobo.

Uns dizem que ela ficou tão furiosa que jogou a panela em cima dele, com sopa quente, pedra e tudo.

Outros dizem que ela deu uma gargalhada, viu que tinha merecido, mas tratou de tomar a sopa e guardar a pedra.

Pode escolher o fim. E fica sendo assim.

GLOSSÁRIO

Paio: um tipo de linguiça.

Ana Maria Machado. *Histórias à brasileira*. São Paulo: Companhia das Letrinhas, 2010. p. 81-84.

Ana Maria Machado nasceu no Rio de Janeiro, em 1941, e é considerada uma das mais versáteis escritoras brasileiras da atualidade. Sua carreira de escritora já dura mais de 40 anos, com mais de 100 livros publicados no Brasil e em outros países.

ESTUDO DO TEXTO

Apreciação

1. Você sabe o que é artimanha? Se necessário, consulte um dicionário.

2. Pelo que você leu, qual é a artimanha do conto?

Interpretação

1. Com que expressão o conto se inicia? Essa expressão indica que a história aconteceu num tempo determinado ou indeterminado? Por quê?

2. Pedro Malasartes tem um objetivo e a mulher tem outro. Qual é o objetivo de cada um deles?

3. A mulher se recusou a dar comida a Pedro Malasartes.
   a) O que Pedro Malasartes percebeu ao observar o quintal da casa da mulher?
   b) Qual foi o plano arquitetado por Pedro Malasartes?

4. O conto popular é uma narrativa. Com base no texto, responda às questões propostas.
   a) Descreva Pedro Malasartes, considerando suas atitudes na história.
   b) Que características da mulher da casa são opostas às de Pedro Malasartes?
   c) O narrador desse conto participa da história como personagem (narrador em 1ª pessoa) ou narra os fatos de fora (narrador em 3ª pessoa)? Justifique sua resposta com um trecho do conto.

5. Os contos de Pedro Malasartes, como você viu, vêm da tradição oral, em que alguém conta em voz alta uma história para outra pessoa (ou para outras pessoas).
   Copie no caderno, dos trechos a seguir, marcas de um contador de histórias da tradição oral. Depois, justifique sua resposta.

> Uns dizem que ela ficou tão furiosa que jogou a panela em cima dele, com a sopa quente, pedra e tudo.
> Outros dizem que ela deu uma gargalhada, viu que tinha merecido, mas tratou de tomar a sopa e guardar a pedra.

6. Em que espaço a história se desenvolve e por que ele é importante para a narrativa?

7. Em quanto tempo você imagina que a história se desenvolveu? Por quê?

8. O conto popular apresenta elementos comuns às narrativas em geral. Copie no caderno o quadro com esses elementos e complete-o.

Situação inicial	Complicação	Resolução da complicação	Situação final

9. O conto deixa duas opções de final para o leitor. Qual desses finais você escolheria para a história? Por quê?

10. Em sua opinião, Pedro Malasartes agiu corretamente com a mulher da casa ao tentar enganá-la?

Linguagem

1. No conto, a mulher é caracterizada pela expressão "pão-duro". O que significa essa expressão?

2. Releia este trecho.

> Ele olhou em volta, viu um curral **cheio** de vacas, um galinheiro **cheio** de galinhas, umas gaiolas **cheias** de coelhos, um chiqueiro **cheio** de porcos. E mais uma horta muito bem cuidada, um pomar com árvores carregadinhas de frutas, um milharal viçoso, uma roça de mandioca.

a) Que ideia a repetição da palavra destacada reforça?
b) Qual é o sentido da palavra **carregadinhas** nesse trecho?

3. Releia o trecho a seguir e observe a expressão destacada.

> [...] O importante é lavar bem, esfregar **bem esfregadinho** e deixar a pedra bem limpa antes de botar na panela. [...]

a) Qual é o sentido dessa expressão?
b) Copie a alternativa que explica o efeito dessa expressão no texto.
- O texto utiliza linguagem mais próxima da fala.
- A linguagem utilizada no texto é formal, por escolha do autor.
- A linguagem do texto é formal e rebuscada, de acordo com o público leitor.

4. Releia este diálogo entre Pedro Malasartes e a mulher.

> — Sou um pobre viajante, faminto e cansado. Venho andando de muito longe, há três anos, três meses, três semanas, três dias, três noites, três horas...
> — Pare com isso e diga logo o que quer — interrompeu a mulher.
> — É que estou com fome. Será que a senhora podia me ajudar?

a) Qual é o sentido da repetição do numeral "três" na fala dele?
b) O que Pedro Malasartes esperava conseguir com sua fala?

5. Releia este trecho, em que o narrador reproduziu a língua falada.

> [...] E o fogo, ó, ia esquentando. E a água, ó, ia fervendo. E a sopa, ó, ia borbulhando. [...]

- Que palavra indica a reprodução da língua falada?

160

ENTRELAÇANDO LINGUAGENS

O texto que você lerá a seguir é um poema da literatura de cordel. Você já leu ou viu algum texto de literatura de cordel? Comente com os colegas. Você sabe por que o gênero recebe esse nome?

A literatura de cordel é uma das manifestações culturais originadas na Região Nordeste do Brasil. Os poemas de cordel apresentam os mais variados temas. Nos trechos que você vai ler, o personagem João Grilo é apresentado aos leitores e, em seguida, envolve-se na captura de três gigantes. Acompanhe a prisão de um deles, o bebê gigante.

A história de João Grilo e dos três irmãos gigantes

Numa ação tão envolvente
Vai andar nosso João
Personagem principal
Desta nossa narração
Tem um nome engraçado
Vive sempre esfomeado
Rodar mundo é a vocação.

[...]

Certo dia, caminhando
Uma fava encontrou
A guardou dentro do bolso
E uma ideia então brotou:
"Esta fava eu vou guardar
No futuro vou plantar!"
Depois logo cochilou.

Ilustrações: Ronaldo Barata

Bem no meio do cochilo
Passou por alguns tormentos
Porque tinha em seu joelho
Uns pequenos ferimentos
Que atraíram alguns mosquitos
Espantou todos sem gritos
Que somados dão quinhentos.

– Espantei mais de quinhentos
Hoje a sorte já chegou!
Escreveu uma plaqueta
No pescoço pendurou
Escreveu assim: JOÃO
UM GUERREIRO VALENTÃO
QUE A QUINHENTOS ESPANTOU.

Andou ao Norte e ao Sul
Rodou vila e povoado
Andou tanto, mas parou
Em um reino atordoado
Onde três irmãos gigantes
São malvados, são tratantes
Deixam tudo revirado.

[...]

O Rei disse ao seu Ministro:
– O que mais posso fazer?
O Ministro lhe falou:
– Majestade, eu pude ver
Um valente forasteiro
Que nos diz o tempo inteiro
Que ele mata sem temer.

[...]

Foram ver o João Grilo
Que dormia na banqueta
Mas o Rei vendo o magrelo
Suspirou e fez careta:
– Ele mal consegue andar...
Mas preciso acreditar
No que diz sua plaqueta.

– Meu Ministro, é esse o homem?
– Com certeza, Majestade.
– Mas, Ministro, ele é magrelo
Seu tamanho é a metade.
– Majestade, a aparência
Não comprova a experiência
Nem a força de vontade.

– Então, meu caro Ministro,
O acorde urgentemente.
– Saia já desta banqueta
Que o Rei se faz presente!
João Grilo se assustou
Porém calmo ele falou:
– Sou seu servo mais contente.

– Quero que dê fim à farra
Dos gigantes da montanha
Como já matou quinhentos
Fará fácil essa façanha
Se vencer, ganha a princesa
Se perder, tenha certeza
Sua morte você ganha.

O João quis explicar
Mas ninguém ouviu seus gritos
Pois o Rei não entendeu
O sentido dos escritos
Ele nem pôde explicar
Que os quinhentos do placar
Eram só alguns mosquitos.

Num segundo já vestiram
No João uma armadura
Com aquele peso todo
Ficou cheio de tontura
Mas falou muito tranquilo:
– Chega, meu nome é João Grilo
Não preciso de frescura!

Retirando a armadura
João disse: – Topo a rota
Quero a roupa de um médico
Um machado e uma ricota
E uma roupa de pastor.
O Rei disse: – És um amor,
Que provou ser patriota.

[...]

João foi para a montanha
Sem receita, sem ter bula
Carregando um machado
Foi à casa do caçula
Era um bebê gigante
Que gritou ao viajante:
– De você eu tenho gula.

O caçula gigantinho
Era muito engraçado
Mal saíra de suas fraldas
E já estava revoltado:
– Vou agora te engolir
Não vai dar para fugir
Seu magrelo, seu coitado.

Mas João Grilo ficou calmo
Disse ao moço sem ter medo:
– Eu fabrico bons caixões
Vim cortar seu arvoredo
Que dá tábua boa, eu sei
É porque o nosso Rei
Faleceu hoje bem cedo.

O caçula amansou
Escutando atentamente
Sua cara emburrada
Ficou logo diferente
Era o que ele mais queria
Fazer sua estripulia
Sem o Rei ali presente.

O caçula disse alegre:
– Só me traz felicidades
É agora que os gigantes
Farão mais atrocidades
Com a morte desse Rei
Nós faremos toda a lei
Recheada de maldades.

Muito esperto disse o Grilo:
– Meu caçula tão querido
Eu não sei quais as medidas
Do Reizinho falecido.
O caçula disse: – Eu sei!
Minha altura tem o Rei
E o tamanho é parecido.

O João logo mediu
O grandão caçula ali
Fabricou um belo caixão
Disse: – É o mais lindo que vi
Meu caçula que aqui está
Pra saber se servirá
Por favor, entre aqui.

E depois que ele entrou
Começou a rir João
Que trancou o gigantinho
Ali dentro do caixão
Ficou bem preso o gigante
E os guardas num instante
O levaram pra prisão.

[...]

César Obeid. *A história de João Grilo e dos três irmãos gigantes*.
São Paulo: Editora do Brasil, 2010. p. 7-15.

1. Por que o rei e o ministro procuraram João Grilo para acabar com os gigantes e não outro herói?

2. João dispensou a armadura. O que ele levou para capturar os gigantes?

3. Como João conseguiu prender o gigante bebê?

4. Qual dos objetos ele utilizou para enganar o gigante bebê?

5. Quais são as semelhanças entre João Grilo e Pedro Malasartes?

 **ESTUDO DA LÍNGUA**

Variedades linguísticas I

1. Leia o trecho de um conto do escritor Graciliano Ramos. O narrador é um homem do Sertão nordestino que gosta de contar histórias sobre as aventuras que viveu.

> — [...] Um domingo eu estava no copiar, esgaravatando as unhas com a faca de ponta, quando meu pai chegou e disse:
> — "Xandu, você nos seus passeios não achou roteiro da égua pampa?" E eu respondi: — "Não achei, nhor não." — "Pois dê umas voltas por aí", tornou meu pai. "Veja se encontra a égua." — "Nhor sim." Peguei um cabresto e saí de casa antes do almoço, andei, virei, mexi, procurando rastos nos caminhos e nas veredas. A égua pampa era um animal que não tinha aguentado ferro no quarto nem sela no lombo. Devia estar braba, metida nas brenhas, com medo de gente. Difícil topar na catinga um bicho assim. Entretido, esqueci o almoço e à tardinha descansei no bebedouro, vendo o gado enterrar os pés na lama. Apareceram bois, cavalos e miunça, mas da égua pampa nem sinal. Anoiteceu, um pedaço de Lua branqueou os xiquexiques e os mandacarus, e eu me estirei na ribanceira do rio, de papo para o ar, olhando o céu, fui-me amadornando devagarinho, peguei no sono [...].

Graciliano Ramos. *Alexandre e outros heróis*. Record: Rio de Janeiro, 2013. p. 12-15.

a) Que pedido o pai fez ao filho?

b) A égua é descrita como "um animal que não tinha aguentado ferro no quarto nem sela no lombo".
   • O que essa descrição revela sobre o comportamento do animal?

c) Identifique os animais citados no texto.

d) Algumas palavras descrevem a vegetação própria do Sertão nordestino: xiquexiques e mandacarus.
   • Você conhece essas plantas? Elas também são encontradas na vegetação do lugar onde você vive?

e) O que os animais e a vegetação revelam sobre o modo de vida do personagem e o espaço onde ele vive?

> **GLOSSÁRIO**
>
> **Amadornar:** cair no sono.
> **Brenha:** matagal, mato.
> **Copiar:** varanda coberta que fica junto à casa.
> **Esgaravatar:** limpar algo com palito ou dedo.
> **Miunça:** nome dado pelos sertanejos aos gados caprino e ovino.

No conto de Graciliano Ramos, podemos reconhecer palavras usadas para se referir a um tipo específico de vegetação da região nordestina e outras relacionadas aos animais do campo.

Pessoas de diferentes regiões usam palavras próprias do lugar onde vivem. Além dos vocábulos específicos das regiões, a língua pode variar também na forma de pronunciar os sons.

> A língua varia nas diferentes situações de uso dependendo do momento histórico, do lugar onde é falada, do falante (sexo, idade, profissão etc.) e de outros elementos presentes no momento em que as pessoas interagem.
>
> Esses diferentes usos da língua constituem as **variedades linguísticas**.

Variedade geográfica

1. Leia a tirinha.

a) Pesquise no dicionário o significado da palavra **tino**. Explique com suas palavras o sentido da expressão "ter tino", do primeiro quadrinho.

b) O homem teve tino para realizar a tarefa? Como isso está indicado na tirinha?

c) Por que a senhora resolveu ela mesma aquecer a água para o mate?

d) Duas palavras da tirinha estão relacionadas a uma bebida típica da Região Sul do país. Quais são elas? Você conhece essas palavras?

e) Observe o uso do verbo conjugado na segunda pessoa (**tu**). Essa é uma característica da fala dos moradores da Região Sul do Brasil. Em sua região, geralmente as pessoas falam usando o pronome na segunda (**tu**) ou na terceira pessoa (**você**)?

> As variedades geográficas da língua são os falares, as expressões e as pronúncias de diferentes lugares. A história de cada lugar, a cultura e as influências de outros povos fazem com que os falantes se expressem de modos diferentes.

Variedade histórica

1. Observe esta propaganda publicada em 1933.

a) Pesquise no dicionário os sentidos das palavras **perpétuo** e **salubre**.

b) A quem o produto oferecido na propaganda é destinado? Que palavras do texto apresentam essa informação?

c) Que vantagens do produto são apresentadas na propaganda?

d) A ortografia de algumas palavras sofreu alterações com a passagem do tempo. Você reconhece alguma palavra da propaganda que é escrita de modo diferente dos dias atuais?

> As variedades históricas registram as mudanças que ocorrem na língua em diferentes épocas.

ATIVIDADES

1. No texto a seguir, você lerá um diálogo entre Isabel e sua bisavó.

Papo explicativo

[...] Bisa Bia e eu somos capazes de ficar horas assim, batendo papo explicativo – como ela gosta de chamar. Ela explica as coisas do tempo dela, eu tenho que dar explicações do nosso tempo. [...]

— Baba de moça, Isabel, uma delícia!

— Ai, que nojo, Bisa, como é que você tinha coragem? [...]

Mas aí ela falou em pé de moleque e olho de sogra e suspiro, e eu fui descobrindo que tudo era nome de doce, já pensou? [...] A gente fala a mesma língua, mas tem hora que nem parece. [...]

Ana Maria Machado. *Bisa Bia, Bisa Bel*. Rio de Janeiro: Salamandra, 1985. p. 25-26.

a) Como Isabel reagiu ao nome do alimento que sua bisavó disse? Por quê?

b) Que motivos levaram Isabel a se enganar em relação à fala da bisavó?

c) Isabel afirma: "a gente fala a mesma língua, mas tem hora que nem parece". Que relação há entre essa afirmação e a conversa entre Isabel e sua bisavó?

2. Leia uma notícia publicada em um jornal português.

Carlos Cipriano. *P*, 5 jan. 2015. Disponível em: <www.publico.pt/local/noticia/quer-comprar-uma-estacao-de-caminhosdeferro-1681030>. Acesso em: 5 fev. 2019.

a) Observe as palavras: **caminhos-de-ferro** e **comboios**. Elas são usadas pelos falantes da língua portuguesa que vivem em Portugal. A que meio de transporte essas palavras se referem?

b) As variedades linguísticas regionais ocorrem no vocabulário, na ortografia, na pronúncia e na estrutura da frase. Copie no caderno um exemplo do texto em que a estrutura da frase do português de Portugal é diferente da que os brasileiros costumam usar.

c) Copie do texto exemplos de variedades regionais no modo de escrever as palavras.

CAPÍTULO 2

Neste capítulo, você vai ler um conto da tradição oral alemã com um personagem muito esperto. Também recontará um conto popular brasileiro e retomará o uso da letra **x** na representação escrita de diferentes sons.

Leia a seguir um conto popular da tradição oral alemã. Ele foi recontado pela escritora brasileira Heloísa Prieto. Preste atenção às características do personagem, que teria vivido e viajado pela Alemanha no século XIV.

Tyll, o mestre das artes

Tyll era um herói malandro que viajava pela antiga Alemanha inventando golpes para ganhar dinheiro e divertir-se às custas dos nobres. Foi assim que um dia Tyll se apresentou à entrada do castelo de um rei vaidoso e declarou:

— Eu sou um mestre nas artes, um pintor muito famoso, e ouvi dizer que Sua Majestade entende muito de pintura. Será que não gostaria de conhecer o meu trabalho?

Quando lhe contaram do estranho artista que batia à sua porta, o soberano ficou curioso e resolveu testá-lo. Tyll foi levado à presença do rei. Muito esperto, estava vestido igualzinho a um pintor e trazia uma maleta cheia de pincéis e tintas. Convencido de que se achava diante de um grande artista, o rei disse:

— Quero que meu castelo seja o mais belo da Europa. Ninguém entende tanto de arte quanto eu. Vou contratá-lo para pintar dois murais.

— Ah, mas meu talento custa caro, Majestade. E, além do mais, minha arte só pode ser apreciada por pessoas cultas e eruditas! – disse Tyll.

— Muito bem – disse o rei. – Do que você precisa? Quer pincéis e tintas?

— Quero, primeiro, um baú cheinho de moedas de ouro – respondeu Tyll –, e depois o melhor material de pintura que Sua Majestade puder encontrar.

Muitos dias se passaram e o rei reparou que Tyll ainda não começara a trabalhar. Até que, afinal, ele mandou trancar a porta que dava para o local onde deveria pintar os murais e

167

desapareceu da corte por dois dias dizendo que precisava terminar seu trabalho. Quando voltou, reuniu os membros da corte e, antes de retirar os panos que cobriam os murais, anunciou:

— Fiz uma verdadeira obra de arte. Mas ela só pode ser vista por pessoas inteligentes. Os ignorantes jamais poderão apreciá-la.

Em seguida, ordenou que descobrissem os murais. Ninguém conseguiu ver nada, mas, temendo ser chamados de burros, os nobres elogiaram o trabalho. Uma jovem, que desejava impressionar o rei, disse:

— Que lindos castelos o senhor pintou aqui, mestre Tyll.

— Castelos? Creio que minha dama se engana — disse ele. — Será que é realmente capaz de ver minha arte? Pois esta é uma paisagem, e de incrível beleza!

A nobre saiu correndo, envergonhada, e Tyll continuou a falar, humilhando todos os que queriam parecer inteligentes.

Poucos dias depois, a velha cozinheira do rei entrou no salão e viu as paredes nuas e gritou:

— O que é isso, meu rei? Ficou todo mundo louco? Ninguém está vendo que não tem nada pintado nessas paredes?

Quando o rei e seus nobres finalmente perceberam que tinham sido enganados, Tyll, com seu baú de moedas de ouro, já estava longe e dando muitas risadas.

Heloísa Prieto. *Lá vem história*.
São Paulo: Companhia das Letrinhas. p. 38-39.

 **Heloísa Prieto** nasceu em São Paulo, em 1954. Iniciou a carreira como professora e contava histórias para crianças pequenas. Desde a infância conviveu com diferentes culturas. Seu pai, de origem espanhola, vivia cercado de livros, e sua mãe, baiana, apreciava as histórias da tradição oral contadas ao redor da fogueira. É esse universo mágico e multicultural que Heloísa apresenta ao público infantojuvenil em seus livros.

Apreciação

1. O que chamou sua atenção na caracterização do personagem principal do conto?

2. Esse conto é semelhante a algum outro que você conhece? Qual?

Interpretação

1. Sobre a forma de compor o conto, faça o que se pede.

a) Explique se o texto é narrado em 1ª ou 3ª pessoa, isto é, se o narrador é alguém de fora ou participa da história como personagem.

b) Copie no caderno um trecho que comprove sua resposta.

2. O personagem Tyll é apresentado logo no início do texto.

   a) Quais são as características dele?

   b) Quais são as semelhanças entre Tyll e Pedro Malasartes?

3. Tyll se apresenta no palácio do rei como um respeitável pintor. Como o rei se apresenta a ele?

4. O rei e Tyll foram sinceros em suas apresentações? Por quê?

5. Assim como Pedro Malasartes, Tyll tem um plano para conseguir o que deseja.

   a) Qual é o plano de Tyll?

   b) Qual é a semelhança entre o plano de Tyll e o de Malasartes?

6. O plano de Tyll deu certo? Explique.

Linguagem

1. Releia o primeiro parágrafo. Copie no caderno a alternativa mais adequada à definição de herói nesse contexto e justifique sua escolha.

   a) Pessoa notável por sua coragem, feitos incríveis e generosidade.

   b) Personagem principal de romance, peça teatral, conto, filme etc.; protagonista.

   c) Pessoa que suporta, com firmeza e determinação, condições adversas.

   d) Pessoa que, por algum motivo, desperta grande admiração.

O QUE APRENDEMOS COM O ESTUDO DE CONTO POPULAR

- Os contos populares vêm da tradição popular e, muitas vezes, reproduzem elementos da língua falada.
- Uma das características do conto popular é a imprecisão temporal. A história acontece no passado, mas em geral não se sabe em que momento ou data.
- O conto popular geralmente tem poucos personagens.
- A história desenvolve-se em um curto período de tempo e em um espaço mais restrito.
- No conto popular, o elemento-chave é o motivo, a situação que provoca o conflito, isto é, o problema a ser resolvido na narrativa.
- Os contos lidos são contos de artimanha. Nesse tipo de conto, os personagens utilizam ardis para enganar as pessoas e conseguir alcançar seus objetivos.

DICAS

▶ ASSISTA

Nasrudin (Histórias de papel). *Quintal da Cultura*. Cerca de 5 min. Vídeo com contadores de história do sábio Nasrudin. Considerado tolo por aceitar moedas pequenas como esmola, ele acaba mostrando-se mais esperto do que todo mundo. Disponível em: <www.youtube.com/watch?v=6OD6oQgZyTc>. Acesso em: 5 fev. 2019.

📖 LEIA

Contos tradicionais do Brasil, de Câmara Cascudo (Global). O livro reúne cem histórias populares, recolhidas pelo pesquisador diretamente "da boca" do povo brasileiro.

Nasrudin, de Regina Machado (Companhia das Letrinhas). O personagem Nasrudin tem semelhanças com Pedro Malasartes: parece ingênuo, mas é mais esperto do que todos nós. Regina Machado reconta histórias da tradição oral desse personagem.

Variedades linguísticas II

Variedade sociocultural

1. Leia um texto publicado em uma revista direcionada a um público específico.

Férias conectadas

[...] A parte ruim de estar de férias é só a distância da galera, que estamos acostumados a ver todo dia no colégio. Mas quer saber? Dá pra continuar super em contato com os *bests*, mesmo que role uma distância básica entre vocês. Quer ver?

Nas redes: curta e comente os *posts* dos seus amigos e vá postando fotos e textos que dão uma ideia do que você está aprontando nos seus dias livres. Assim, quando se encontrarem, não vai parecer que estão há tanto tempo sem se ver. E a conversa vai rolar na boa.

[...]

ArtTeen, 27 jul. 2012. Disponível em: <www.artteen.com.br/ferias-conectadas/>. Acesso em: 5 fev. 2019.

a) Nesse texto, o modo de falar é característico de um grupo social. Que grupo é esse?

b) Que exemplos do texto caracterizam o modo de falar desse grupo social?

c) Além do vocabulário característico, o texto retrata hábitos que fazem parte do universo de um grupo social. Dê exemplos do texto que comprovam essa afirmação.

d) Qual é a relação entre a variedade linguística do texto e o leitor da revista?

Além das variedades linguísticas que representam a região e a época, o modo de falar das pessoas também diferencia-se de acordo com a idade, a profissão, o meio social e cultural em que vivem, seus hábitos etc.

Podemos reconhecer as variedades socioculturais nos diferentes grupos de falantes.

Em relação à faixa etária, por exemplo, os jovens podem usar expressões e modos de se comunicar próprios.

Nas profissões também encontramos especificidades: o cientista usa a linguagem científica em textos e o economista também usa termos técnicos para se expressar, entre muitos outros.

> As variedades socioculturais são próprias de falantes que pertencem ao mesmo grupo, geralmente relacionado ao meio social, à profissão, à faixa etária etc.

ATIVIDADES

1. Leia os textos e responda às questões a seguir.

Texto 1

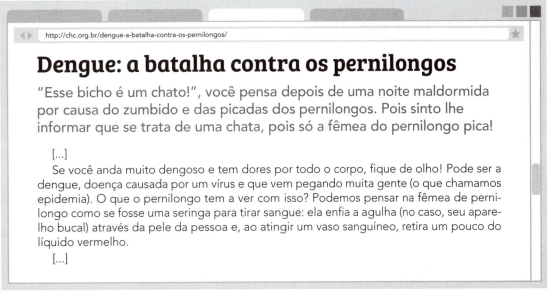

Dengue: a batalha contra os pernilongos

"Esse bicho é um chato!", você pensa depois de uma noite maldormida por causa do zumbido e das picadas dos pernilongos. Pois sinto lhe informar que se trata de uma chata, pois só a fêmea do pernilongo pica!

[...]

Se você anda muito dengoso e tem dores por todo o corpo, fique de olho! Pode ser a dengue, doença causada por um vírus e que vem pegando muita gente (o que chamamos epidemia). O que o pernilongo tem a ver com isso? Podemos pensar na fêmea de pernilongo como se fosse uma seringa para tirar sangue: ela enfia a agulha (no caso, seu aparelho bucal) através da pele da pessoa e, ao atingir um vaso sanguíneo, retira um pouco do líquido vermelho.

[...]

Ciência Hoje das Crianças, 15 maio 2001. Disponível em: <http://chc.org.br/dengue-a-batalha-contra-os-pernilongos/>. Acesso em: 5 fev. 2019.

Texto 2

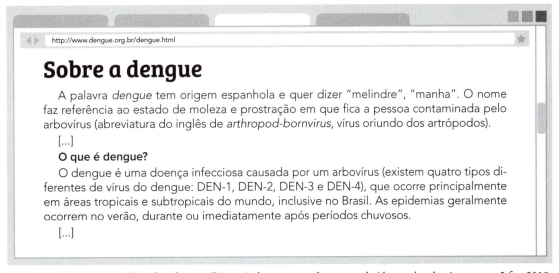

Sobre a dengue

A palavra *dengue* tem origem espanhola e quer dizer "melindre", "manha". O nome faz referência ao estado de moleza e prostração em que fica a pessoa contaminada pelo arbovírus (abreviatura do inglês de *arthropod-bornvirus*, vírus oriundo dos artrópodes).

[...]

O que é dengue?

O dengue é uma doença infecciosa causada por um arbovírus (existem quatro tipos diferentes de vírus do dengue: DEN-1, DEN-2, DEN-3 e DEN-4), que ocorre principalmente em áreas tropicais e subtropicais do mundo, inclusive no Brasil. As epidemias geralmente ocorrem no verão, durante ou imediatamente após períodos chuvosos.

[...]

Site sobre dengue. Disponível em: <www.dengue.org.br/dengue.html>. Acesso em: 5 fev. 2019.

a) O que há em comum entre os dois textos?

b) O texto 1 foi publicado em um *site* de uma revista de divulgação científica direcionada a crianças. O texto 2 foi publicado em um *site* de uma organização social que tem o objetivo de divulgar informações relacionadas à dengue. Qual é a diferença entre a linguagem usada nos dois textos?

c) Com que finalidade cada texto foi escrito, de acordo com o tipo de linguagem utilizado?

d) Qual dos textos sobre a dengue apresenta termos próprios da variedade usada pelos cientistas? Dê exemplos para justificar sua resposta.

e) O primeiro texto é dirigido a leitores jovens. Que recursos foram usados no texto para chamar a atenção desse público leitor?

Contando um conto

Você conheceu dois contos populares: um brasileiro e outro da cultura alemã. Agora forme um grupo com dois colegas e, juntos, pesquisem um conto de Pedro Malasartes ou de outro personagem astuto para contá-lo à turma. Para se aquecerem, acessem o endereço: <http://tvcultura.com.br/videos/63262_a-pocao-das-mil-historias-quintal-da-cultura.html> (acesso em: 5 fev. 2019).

Para começar

1. Vocês podem pesquisar em livros ou na internet, conforme orientação do professor.
2. Tenham em mente que contar histórias é mais do que tornar oral um texto. É preciso preparar a história para o público ao qual ela se destina. Então, vamos lá!
   I. Leiam a história com atenção para conhecê-la profundamente. Depois de lê-la, dividam-na em três partes – situação inicial, desenvolvimento e conclusão.
   II. Façam desenhos que representem cada parte; com isso, vocês darão significado aos trechos, o que os ajudará a memorizar a história.
   III. Contem a história aos colegas do grupo, como se a estivessem contando ao público.
   IV. Procurem "sentir" o personagem, mergulhem nas características dele; vocês podem desenhá-lo, caracterizando-o de acordo com as pistas do texto. Tê-lo em mente os ajudará na hora de contar a história: como será o tom de voz do personagem e o comportamento dele durante os eventos da história, que ritmo ele imprime à história, como é o humor dele etc.

Compartilhar

Depois de preparar a história, é importante criar o clima no espaço onde ocorrerá a "contação".

1. Dependendo do tema e das possibilidades que o espaço oferece, os ouvintes devem ficar dispostos em círculo.
2. Almofadas ou panos coloridos podem dar um toque diferente ao espaço e ajudar os ouvintes a se sentirem em outro lugar, prontos para viajar na imaginação.
3. A depender do público e da história a ser contada, vocês podem usar uma lanterna para ajudar na criação do ambiente desejado.
4. Ter alguns objetos pode dar um toque de surpresa durante a "contação". No caso da sopa de pedras, por exemplo, vocês trariam os objetos que o personagem coloca na panela ou poderiam produzir um som a cada novo ingrediente adicionado.

Avaliar

De qual apresentação você mais gostou? Cada aluno deve avaliar a apresentação dos colegas considerando a compreensão do que foi transmitido no conto e a maneira como foi apresentado.

A letra x

1. A letra **x** pode representar diferentes sons. Copie a tabela a seguir no caderno e complete-a com as palavras do quadro observando o som de **x**.

| xarope | próximo | exército | paradoxo | caixa | texto |
| reflexo | auxílio | exame | exato | lixo | tóxico |

Mesmo som de x em MÁXIMO	Mesmo som de x em PEIXE	Mesmo som de x em ANEXO	Mesmo som de x em EXAGERO

A letra **x** representa sons diversos em diferentes palavras. Algumas regras ajudam-nos a saber quando usá-las. Vamos conhecê-las.

Usa-se a letra **x**:

- após um ditongo. Exemplos: ameixa, caixa;
- após a sílaba inicial **-en**. Exemplos: enxada, enxame;
- após a sílaba inicial **-me**. Exemplos: mexerica, mexicano;
- nas palavras de origem indígena ou africana e nas palavras de origem inglesa que já fazem parte da Língua Portuguesa. Exemplos: xampu, xavante, xará.

Exceções

1. As palavras escritas com **ch**, quando recebem o prefixo **en-**, não sofrem alteração na grafia. Exemplo: cheio – encher, enchimento.
2. A palavra **mecha** também é uma exceção.

ATIVIDADES

1. Copie as palavras no caderno e complete-as com **s** ou **x**.

   a) ju▬tapor
   b) e▬tender
   c) e▬tensão
   d) e▬tenso

2. Relacione as regras de uso da letra **x** a cada grupo de palavras.

I. Após um ditongo.	IV. Nas palavras de origem indígena ou africana e nas palavras de origem inglesa que já fazem parte da Língua Portuguesa.
II. Após a sílaba **-en** no início da palavra.	
III. Após a sílaba **-me** no início da palavra.	

   a) enxada – enxame
   b) feixe – baixo
   c) xerife – Xingu
   d) mexer – mexido

173

↑ Crianças trabalhando em mina de carvão. Inglaterra, gravura de 1843.

UNIDADE 7

Seus direitos e seus deveres

NESTA UNIDADE
VOCÊ VAI:

- conhecer alguns artigos do Estatuto da Criança e do Adolescente e também um guia para o pedestre consciente;
- estudar os verbos e a linguagem utilizada nesses documentos;
- retomar frase, oração e período;
- relembrar regras de acentuação das palavras paroxítonas;
- conhecer formas de participar da vida pública na escola e na comunidade;
- produzir um estatuto para a boa convivência nos espaços escolares.

1. A gravura representa uma situação comum no século XIX. Quem você vê na ilustração?
2. Em que lugar esses personagens estão?
3. O que esses personagens estão fazendo nesse lugar?
4. Em sua opinião, essa situação – ou situações semelhantes – ainda acontece nos dias de hoje?
5. O que poderia ser feito para evitar essa situação?

175

CAPÍTULO 7

Neste capítulo, você vai ler alguns artigos do Estatuto da Criança e do Adolescente. Vai conhecer os efeitos de sentido que os verbos podem produzir e, por fim, fazer uma apresentação oral de uma síntese de discussão.

ANTES DE LER

Observe as capas destes livros.

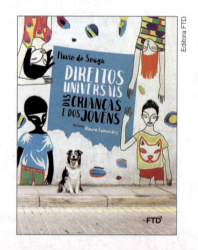

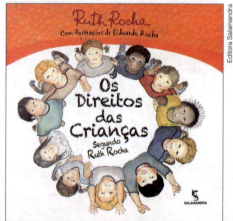

1. Você já viu algum desses livros?

2. Sabe de que assunto eles tratam?

3. Quem seriam os possíveis interessados no que esses livros apresentam? Por quê?

4. Muitas crianças e adolescentes têm dificuldades para exercer direitos como ir à escola, tomar vacinas, receber assistência em caso de catástrofe, entre outros. Como isso pode ser resolvido?

Você vai conhecer alguns artigos do Estatuto da Criança e do Adolescente (ECA).

1. Pelo nome, o que você imagina que esse estatuto deve conter?

2. Acompanhe a leitura do professor e conheça alguns trechos do documento.

http://www.planalto.gov.br/ccivil_03/leis/l8069.htm

Presidência da República
Casa Civil
Subchefia para Assuntos Jurídicos

LEI Nº 8.069, DE 13 DE JULHO DE 1990.

Dispõe sobre o Estatuto da Criança e do Adolescente e dá outras providências.

O PRESIDENTE DA REPÚBLICA: Faço saber que o Congresso Nacional decreta e eu sanciono a seguinte Lei:

Título I
Das Disposições Preliminares

Art. 1º Esta Lei dispõe sobre a proteção integral à criança e ao adolescente.

Art. 2º Considera-se criança, para os efeitos desta Lei, a pessoa até doze anos de idade incompletos, e adolescente aquela entre doze e dezoito anos de idade.

Art. 3º A criança e o adolescente gozam de todos os direitos fundamentais inerentes à pessoa humana, sem prejuízo da proteção integral de que trata esta Lei, assegurando-se-lhes, por lei ou por outros meios, todas as oportunidades e facilidades, a fim de lhes facultar o desenvolvimento físico, mental, moral, espiritual e social, em condições de liberdade e de dignidade.

Art. 4º É dever da família, da comunidade, da sociedade em geral e do poder público assegurar, com absoluta prioridade, a efetivação dos direitos referentes à vida, à saúde, à alimentação, à educação, ao esporte, ao lazer, à profissionalização, à cultura, à dignidade, ao respeito, à liberdade e à convivência familiar e comunitária.

Parágrafo único. A garantia de prioridade compreende:

a) primazia de receber proteção e socorro em quaisquer circunstâncias;

b) precedência de atendimento nos serviços públicos ou de relevância pública;

c) preferência na formulação e na execução das políticas sociais públicas;

d) destinação privilegiada de recursos públicos nas áreas relacionadas com a proteção à infância e à juventude.

Art. 5º Nenhuma criança ou adolescente será objeto de qualquer forma de negligência, discriminação, exploração, violência, crueldade e opressão, punido na forma da lei qualquer atentado, por ação ou omissão, aos seus direitos fundamentais.

[...]

http://www.planalto.gov.br/ccivil_03/leis/l8069.htm

Título II
Dos Direitos Fundamentais
Capítulo I
Do Direito à Vida e à Saúde

Art. 7º A criança e o adolescente têm direito a proteção à vida e à saúde, mediante a efetivação de políticas sociais públicas que permitam o nascimento e o desenvolvimento sadio e harmonioso, em condições dignas de existência.

[...]

Art. 11. É assegurado acesso integral às linhas de cuidado voltadas à saúde da criança e do adolescente, por intermédio do Sistema Único de Saúde, observado o princípio da equidade no acesso a ações e serviços para promoção, proteção e recuperação da saúde.

[...]

Art. 14. O Sistema Único de Saúde promoverá programas de assistência médica e odontológica para a prevenção das enfermidades que ordinariamente afetam a população infantil, e campanhas de educação sanitária para pais, educadores e alunos.

§ 1º É obrigatória a vacinação das crianças nos casos recomendados pelas autoridades sanitárias. (Renumerado do parágrafo único pela Lei nº 13.257, de 2016)

§ 2º O Sistema Único de Saúde promoverá a atenção à saúde bucal das crianças e das gestantes, de forma transversal, integral e intersetorial com as demais linhas de cuidado direcionadas à mulher e à criança. (Incluído pela Lei nº 13.257, de 2016)

§ 3º A atenção odontológica à criança terá função educativa protetiva e será prestada, inicialmente, antes de o bebê nascer, por meio de aconselhamento pré-natal, e, posteriormente, no sexto e no décimo segundo anos de vida, com orientações sobre saúde bucal. (Incluído pela Lei nº 13.257, de 2016).

[...]

Capítulo IV
Do Direito à Educação, à Cultura, ao Esporte e ao Lazer

Art. 53. A criança e o adolescente têm direito à educação, visando ao pleno desenvolvimento de sua pessoa, preparo para o exercício da cidadania e qualificação para o trabalho, assegurando-se-lhes:

I – igualdade de condições para o acesso e permanência na escola;

II – direito de ser respeitado por seus educadores;

III – direito de contestar critérios avaliativos, podendo recorrer às instâncias escolares superiores;

IV – direito de organização e participação em entidades estudantis;

V – acesso à escola pública e gratuita próxima de sua residência.

Parágrafo único. É direito dos pais ou responsáveis ter ciência do processo pedagógico, bem como participar da definição das propostas educacionais.

[...]

Capítulo V

Do Direito à Profissionalização e à Proteção no Trabalho

Art. 60. É proibido qualquer trabalho a menores de quatorze anos de idade, salvo na condição de aprendiz. (Vide Constituição Federal)

Art. 61. A proteção ao trabalho dos adolescentes é regulada por legislação especial, sem prejuízo do disposto nesta Lei.

[...]

> **GLOSSÁRIO**
>
> **Art.:** abreviação de **artigo**.
> **Decretar:** definir por decreto ou lei.
> **Dispor:** regular legislativamente; prescrever; regulamentar.
> **Sancionar:** aprovar; confirmar.
> **Ordinariamente:** normalmente; sempre.
> **Primazia:** prioridade.
> **Precedência:** preferência.
> **Preliminar:** que vem antes do assunto principal.

Estatuto da Criança e do Adolescente. Disponível em: <www.planalto.gov.br/ccivil_03/leis/l8069.htm>.
Acesso em: 29 jun. 2018.

ESTUDO DO TEXTO

Apreciação

1. Você teve alguma dificuldade para entender o texto? Compartilhe-a com a turma.

2. Você conhecia algum dos direitos apresentados? Qual?

3. Em sua opinião, é importante conhecer nossos direitos? Por quê?

Estatutos

Um estatuto é um regulamento, um código com valor de lei, específico para estabelecer normas de tratamento social e legal inerentes a determinado grupo ou assunto. Além do ECA, que se refere a crianças e adolescentes, outros exemplos são o Estatuto do Idoso, o Estatuto da Cidade, o Estatuto da Pessoa com Deficiência e o Código de Defesa do Consumidor.

Em um estatuto, as normas podem ser divididas em blocos denominados títulos, capítulos, seções e subseções. Cada um desses blocos pode ser organizado por artigos (Art.), parágrafos (por extenso ou com o sinal §), incisos (iniciados por números romanos) e alíneas (iniciadas por letras minúsculas).

Interpretação

1. Leia o início do texto.
   a) Quem é o representante do governo que assina essa lei?
   b) Quem elaborou essa lei?

2. Faça uma leitura individual do texto, consultando o **Glossário**, se necessário, e responda: Por que a linguagem utilizada nesse texto é formal? Copie no caderno a alternativa correta.
   a) O Estatuto é uma lei dirigida apenas a pessoas de profissões específicas, como advogados e professores.
   b) O Estatuto, como todas as leis, deve apresentar uma linguagem mais elaborada para que poucos o compreendam.
   c) O Estatuto, por ser um documento oficial com força de lei, deve apresentar uma linguagem formal, adequada à norma culta.

3. Releia o **Glossário** e o "Título I – Das Disposições Preliminares". Qual é a função desse trecho do texto?

4. Por que, em sua opinião, a criança deve ter prioridades?

5. O texto é dividido em títulos e capítulos; estes, organizados em artigos e parágrafos. Explique como são organizados:

a) os artigos (Art.);

b) os itens (alíneas) do parágrafo único.

6. Releia o artigo 3º.

> Art. 3º A criança e o adolescente gozam de todos os direitos fundamentais inerentes à pessoa humana, sem prejuízo da proteção integral de que trata esta Lei, assegurando-se-lhes, por lei ou por outros meios, todas as oportunidades e facilidades, a fim de lhes facultar o desenvolvimento físico, mental, moral, espiritual e social, em condições de liberdade e de dignidade.

a) Que outros direitos, além dos apresentados no ECA, são garantidos à criança e ao adolescente?

b) Em sua opinião, o que é necessário para "facultar [conceder] o desenvolvimento físico, mental, espiritual e social da criança e do adolescente com liberdade e dignidade"?

7. Na sequência do documento, temos o "Título II – Dos Direitos Fundamentais".

a) Que itens das "Disposições Preliminares" são retomados no Capítulo I do Título II?

b) Com que objetivo esses itens são retomados em um capítulo específico?

8. Releia o artigo 14 do Capítulo I do Título II.

a) Como foram indicados os parágrafos desse artigo?

b) Qual é a relação entre esses parágrafos e o artigo 14? Copie no caderno as alternativas corretas.

- Os parágrafos tratam de outros assuntos relacionados ao tema do artigo.
- O §1º explica uma das ações para promover a saúde das crianças.
- O §2º e o §3º complementam e especificam como será o tratamento bucal das crianças.
- Todos os parágrafos tratam de saúde de forma indistinta.

c) O que acontece às crianças no sexto ano de vida para que elas devam receber orientações sobre saúde bucal?

d) E no 12º ano de vida, por que essas orientações são necessárias?

9. Sabendo que esse documento foi retirado de um *site*, o que indicam os trechos em azul?

10. Releia o artigo 53 do Capítulo IV e leia a definição de **inciso**.

> **Inciso:** subdivisão de um artigo ou parágrafo de lei, que pode ou não conter alíneas.

a) Quantos incisos o artigo 53 apresenta?

b) A que assunto se referem todos esses incisos?

c) Como eles foram indicados no texto?

d) Qual seria a função do inciso?

e) Do que trata o parágrafo único do artigo 53?

11. O estatuto que você leu foi publicado no *site* do governo federal. Releia o "Título I – Das Disposições Preliminares" e compare-o com o texto a seguir, extraído de uma versão ilustrada do ECA publicada pela Câmara dos Deputados em 2015.

A criança em primeiro lugar

Logo na abertura do Estatuto da Criança e do Adolescente, há um resumão da lei. A conversa começa com a definição de quem é criança e quem é adolescente: criança é a pessoa que tem até 12 anos de idade incompletos e o adolescente está na faixa entre 12 e 18 anos; o adulto tem mais de 18.

Depois, o texto diz que as crianças e os adolescentes estão sempre em primeiro lugar. É isso aí! A família, a sociedade e o Estado têm o dever de garantir o seu bem-estar. Anote aí: você tem direito à vida, saúde, alimentação, educação, esporte, lazer, profissionalização, cultura, dignidade, respeito, liberdade e convivência familiar e comunitária. A lista é grande!

As crianças e os adolescentes têm direito de ser rapidamente atendidos em postos de saúde e hospitais. Num acidente de trânsito, incêndio, enchente ou qualquer outra situação, a meninada é a primeira a receber socorro.

E mais, a criançada tem prioridade na hora da distribuição do dinheiro público. Isso quer dizer que o governo tem de usar os recursos públicos dando atenção, em primeiro lugar, para os projetos que têm a ver com a infância e a juventude.

Câmara dos Deputados; Secretaria de Comunicação Social – Plenarinho. *ECA em tirinhas para crianças*. Brasília: CDI/Edições Câmara, 2015. Disponível em: <https://plenarinho.leg.br/index.php/2017/07/03/estatuto-da-crianca-e-do-adolescente/>. Acesso em: 5 fev. 2019.

a) Quais são as semelhanças e as diferenças entre os dois textos?

b) A que leitores é dirigido o texto publicado pela Câmara dos Deputados?

c) Que elementos da linguagem verbal escrita e da linguagem visual comprovam sua resposta?

Linguagem

1. Copie a tabela no caderno e preencha-a com as explicações sobre como foram utilizados os números no documento.

Números romanos (I, II, III, IV etc.)	Números ordinais (1º, 2º, 3º etc.)	Números cardinais (1, 2, 3 etc.)

a) Para que foram utilizados diferentes tipos de número?

b) Sem os números, a busca por um item do documento seria mais fácil ou mais difícil? Por quê?

2. Releia o texto do ECA da seção **Leitura** observando sua organização. Copie a tabela no caderno e complete-a considerando o grau de importância de cada parte do documento.

Título geral: Lei nº 8.069, de 13 de julho de 1990			
Título I	Título II		

Trabalho infantil

Leia o trecho de uma reportagem sobre trabalho infantil.

FAO vê alta do trabalho infantil na agricultura mundial, impulsionada por conflitos e desastres

Publicado em 12/06/2018

Depois de anos de queda constante, o trabalho infantil na agricultura começou a aumentar novamente nos últimos anos, impulsionado em parte por um aumento dos conflitos e dos desastres provocados pelo clima.

Essa tendência preocupante não só ameaça o bem-estar de milhões de crianças, mas também prejudica os esforços para acabar com a fome e a pobreza no mundo, advertiu a Organização das Nações Unidas [...].

ONUBR. Disponível em: <https://nacoesunidas.org/fao-ve-alta-do-trabalho-infantil-na-agricultura-mundial-impulsionada-por-conflitos-e-desastres/>. Acesso em: 20 ago. 2018.

1. Quais são as principais informações do texto?

2. Compare o Capítulo V do ECA, as informações da notícia e a imagem de abertura. Em sua opinião, por que situações como essa ainda acontecem? Debata com os colegas.

Apresentação oral de síntese de discussão

Para começar

Vocês vão ler um artigo de opinião sobre o ECA e discutir algumas questões relevantes a respeito dele. Depois, farão uma síntese do que discutiram e um representante de cada grupo irá apresentá-la à turma.

Desenvolvimento

Leia este artigo de opinião publicado no *site* do jornal *Folha de S.Paulo* em 2015, por ocasião dos 25 anos do ECA.

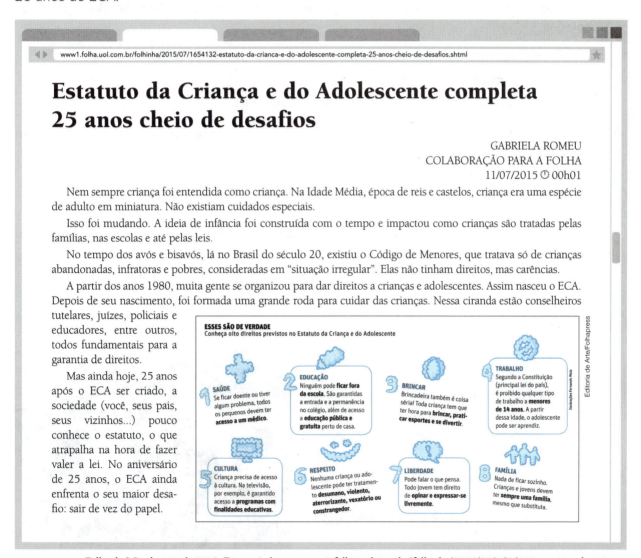

Folha de S.Paulo, 11 jul. 2015. Disponível em: <www1.folha.uol.com.br/folhinha/2015/07/1654132-estatuto-da-crianca-e-do-adolescente-completa-25-anos-cheio-de-desafios.shtml>. Acesso em: 21 jun. 2018.

Discuta as questões a seguir com os colegas e anote no caderno os principais pontos debatidos.

1. Releia a primeira frase do artigo: "Nem sempre criança foi entendida como criança".
   a) O que é "ser entendida como criança"?
   b) O que caracteriza uma criança, isto é, o que ela faz, o que pensa, o que deseja?

2. O Código de Menores do século XX era voltado para as carências das crianças.
   a) O que são carências?
   b) Para quais crianças esse Código de Menores era voltado?

3. Qual é a diferença fundamental entre o ECA e o Código de Menores quanto:
   a) a quem é dirigido?
   b) ao assunto de cada documento?

4. Ao final do texto são apresentados, de forma resumida, oito direitos previstos no ECA.
   a) Você acredita que todos esses direitos são cumpridos? Por quê?
   b) Você conhece alguma criança que tenha algum desses direitos desrespeitado? Conte aos colegas.

5. A autora do artigo aponta o grande desafio do ECA: "sair de vez do papel".
   a) O que isso significa?
   b) O que cada um de nós pode fazer para "tirar o ECA do papel"?

6. Se vocês tivessem que acrescentar um direito ao ECA, algo a que todas as crianças deveriam ter acesso, o que seria?

Organizar

1. Elaborem uma síntese das questões discutidas. Utilizem as anotações que fizeram ao longo do debate em grupo.
2. Escolham um representante do grupo para apresentar a síntese da discussão à turma.

Apresentar

1. Ao apresentar oralmente as ideias do grupo à turma, cada aluno pode consultar suas anotações.
2. Depois das apresentações, os alunos podem identificar as ideias em comum e comparar os diferentes pontos de vista sobre o tema discutido.

Avaliar

1. O que facilitou a discussão e a apresentação da síntese para o grupo?
2. O que poderia auxiliar nos trabalhos de síntese e de anotação das ideias?

↑ Aluno faz apresentação aos colegas de turma em escola de São Paulo (SP), 2018.

Verbo: modos de dizer

1. Leia o princípio 7 da Declaração Universal dos Direitos da Criança e observe os sentidos dos verbos destacados.

> A criança **terá** direito a receber educação, que **será** gratuita e compulsória pelo menos no grau primário. Ser-lhe-á propiciada uma educação capaz de promover a sua cultura geral e capacitá-la a, em condições de iguais oportunidades, desenvolver as suas aptidões, sua capacidade de emitir juízo e seu senso de responsabilidade moral e social, e a tornar-se um membro útil da sociedade.

Declaração dos Direitos da Criança. Disponível em: <www.direitoshumanos.usp.br/index.php/Crian%C3%A7a/declaracao-dos-direitos-da-crianca.html>. Acesso em: 20 ago. 2018.

a) Copie no caderno a afirmação correta em relação a esses verbos.
- Eles indicam que esses direitos podem ou não acontecer.
- Eles indicam um desejo de que aconteça.
- Eles indicam que esses direitos são uma obrigação.

b) O termo **ser-lhe-á** é formado pela forma verbal **será**, que indica futuro, e pelo pronome **lhe**.
- A quem o pronome **lhe** se refere?
- A expressão "Ser-lhe-á propiciada" indica um dever, um desejo ou uma probabilidade?

2. Leia o princípio 8 e explique qual é o sentido da expressão destacada.

> A criança figurará, **em quaisquer circunstâncias**, entre os primeiros a receber proteção e socorro.

Declaração dos Direitos da Criança. Disponível em: <www.direitoshumanos.usp.br/index.php/Crian%C3%A7a/declaracao-dos-direitos-da-crianca.html>. Acesso em: 20 ago. 2018.

Leia as frases a seguir e observe os diferentes sentidos expressos pelos verbos destacados.

O Estado **tem que** oferecer educação para as crianças.

O Estado **pode** oferecer educação para as crianças.

O Estado **deve** oferecer educação para as crianças.

O Estado **quer** oferecer educação para as crianças.

O Estado **tenta** oferecer educação para as crianças.

Observe que os verbos destacados nas locuções verbais dão diferentes sentidos às orações. Eles indicam possibilidade (**pode**), desejo (**quer**, **tenta**) e obrigação (**tem que**, **deve**). Quando acompanhados de palavras como **não**, **nunca** ou **jamais**, esses verbos expressam ideia de proibição.

3. Complete a frase a seguir com um verbo que indica obrigação.
- O Estado ▒▒▒▒ garantir o direito a uma escola de boa qualidade.

4. Justifique o uso desse tipo de verbo em uma declaração de direitos.

ATIVIDADES

1. Leia um trecho de um código de conduta de um grupo de escoteiros.

DICAS E REGRAS DE SEGURANÇA [...]

1. Evite levar peso em excesso. Leve apenas o necessário, mas leve em conta a possibilidade de mudança do tempo (Leve capa de chuva).

2. Escolha um calçado já usado e use dois pares de meias para evitar bolhas.

3. As roupas dentro da mochila **devem ser embaladas** em sacos plásticos.

4. Use água dos locais indicados. <u>Mantenha-se hidratado</u>.

5. **Recolha** todo seu lixo e o **deposite** nos locais indicados.

6. Sempre **deixe** a flora e a fauna da região do mesmo jeito que estavam antes de você chegar.
[...]

Escoteiros do Brasil – Rio de Janeiro. Disponível em: <www.escoteirosrj.org.br/wp-content/uploads/2017/05/AVENTURA-SENIOR-REGIONAL-COMUNICADO-13.pdf>. Acesso em: 21 jul. 2018.

a) Para que serve um código de conduta?

b) Qual é a finalidade do código de conduta feito para os escoteiros?

c) Observe os verbos destacados no texto. Que ideia eles expressam: um pedido, uma ordem ou uma sugestão?

d) O que a palavra **sempre** indica sobre a ação mencionada no item 6?

e) O trecho "Mantenha-se hidratado" foi colocado em destaque no texto original. Por quê?

f) Reescreva a regra de segurança número 5 trocando as formas verbais **recolha** e **deposite** por outras que também indiquem obrigação.

Em dupla

2. O que é necessário para manter a sala de aula limpa e organizada?

a) Reúna-se com um colega e, juntos, escrevam cinco regras para a manutenção da sala de aula. Vocês podem utilizar palavras e expressões que indiquem:
- **proibição:** Nunca jogue papel no chão;
- **obrigação:** Todos têm que colaborar;
- **possibilidade:** É permitido que os alunos tragam livros de casa.

b) Depois, compartilhem as dicas com a turma de acordo com uma das sugestões a seguir. Notem que vocês podem utilizar diferentes suportes para divulgar as regras entre os colegas.
- Sugestão 1: Produzam cartazes para afixar na sala de aula, em um lugar em que todos possam ler. Assim, as ações de conservação da sala propostas poderão ser realizadas de acordo com o combinado.
- Sugestão 2: Produzam um cartaz virtual para ser enviado por *e-mail*, por celular ou disponibilizado na página da turma. Vocês podem fazer um único cartaz com todas as dicas ou um para cada dica, que pode conter apenas a imagem estática com uma frase ou ainda uma imagem em movimento acompanhada da frase.

CAPÍTULO 2

Neste capítulo, você vai estudar um guia e conhecer a diferença entre frase, oração e período. Também vai relembrar a acentuação gráfica de palavras paroxítonas e elaborar algumas regras para uma boa convivência na comunidade escolar.

No Capítulo 1, você conheceu alguns artigos do ECA.

Agora, vai ler o *Guia do pedestre consciente*, escrito com base no Código Nacional de Trânsito. Veja a capa dele.

Agora, leia as páginas internas do folheto.

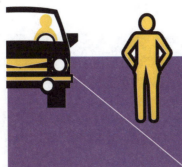

Estabeleça contato visual com os motoristas que se aproximam, assegurando que eles o visualizaram.

Inicie a travessia somente quando os primeiros veículos já estiverem parados.

Observe a possível movimentação de motos ou bicicletas trafegando nos corredores entre veículos.

Em vias dotadas de canteiro central, os procedimentos devem ser refeitos na segunda transposição.

Muito cuidado ao andar ou parar próximo a veículos de grande porte, como ônibus e caminhões. A altura destes pode fazer com que o motorista não o veja ao manobrar ou iniciar marcha.

Vista roupas claras ou chamativas ao caminhar pela manhã cedo ou durante a noite. Ver e ser visto é regra básica de sobrevivência no trânsito.

Ao desembarcar de um coletivo, jamais faça a travessia por trás ou frente deste ainda parado. Espere que ele saia para, então, com melhor visibilidade, iniciar a travessia.

Recomendações ao motorista:

Redobre a atenção ao se aproximar de faixas de travessia de pedestres sem semáforos.

Ao avistar um pedestre solicitando a travessia, haja com atenção, como se estivesse aproximando-se de um semáforo com sinal amarelo.

Avalie as condições de segurança no seu entorno antes de conceder a prioridade.

Caso perceba que outros veículos não visualizaram a solicitação do pedestre, acene com a palma da mão para que ele não inicie a travessia.

Ao conceder passagem ao pedestre, acompanhe pelos espelhos retrovisores a movimentação dos demais veículos, intervindo com sinais de mão se achar necessário.

Aguarde a completa travessia dos pedestres para colocar seu veículo em marcha.

Agora, veja a última página do folheto.

PEDESTRE NÃO ESQUEÇA

1 - O semáforo tem preferência sobre a faixa de pedestres, portanto, o pedestre deve aguardar para atravessar somente quando o sinal estiver vermelho para os veículos.

2 - A forma mais segura de atravessar uma via semaforizada é usando o semáforo de pedestres. Este será acionado quando o pedestre apertar a botoeira. Lembre-se, o semáforo funciona com uma programação. Quando acionada a botoeira, a informação de que há um pedestre desejando atravessar a via é enviada e encaixada no ciclo de funcionamento. Em locais com fluxo muito intenso, é comum que o tempo de espera seja maior.

3 - Muito cuidado ao caminhar utilizando smartphone. Estar atento ao que acontece ao seu redor é imprescindível para sua segurança.

Mensagem final

"O trânsito, em condições seguras, é um direito de todos e dever dos órgãos e entidades componentes do Sistema Nacional de Trânsito, a estes cabendo, no âmbito das respectivas competências, adotar as medidas destinadas a assegurar esse direito." (Código de Trânsito Brasileiro, Art. 1º, § 2º)
Mas cabe também, a cada um de nós, a corresponsabilidade por um trânsito melhor e mais humano!

Dúvidas ou informações:
Escola Pública de Trânsito de Joinville
(47) 3431-1541 - eptran@joinville.sc.gov.br

Guia do pedestre consciente. Disponível em: <www.joinville.sc.gov.br/wp-content/uploads/2017/07/Cartilha-Pedestre-Consciente-2016.pdf>. Acesso em: 29 jun. 2018.

Apreciação

1. Em sua opinião, por que um guia como esse foi escrito?

2. Você compreendeu todos os itens do guia?

3. Você considera importante esse tipo de publicação? Por quê?

Interpretação

1. O *Guia do pedestre consciente* foi produzido pela Secretaria de Segurança Pública da cidade de Joinville.

   a) A que público ele é dirigido?

   b) Em sua opinião, por que esse órgão público produziu o guia?

   c) Esse guia foi produzido para distribuição gratuita. Em que lugares ele poderia ser distribuído?

2. O guia foi dividido em três partes: duas dirigidas ao pedestre e uma ao motorista.

   a) Que tipo de informação é dirigida ao pedestre?

   b) Que tipo de informação aparece para o motorista?

   c) Por que, em sua opinião, há recomendações ao motorista num guia para pedestre?

3. Releia estas duas orientações para o pedestre.

   a) Por que é importante atravessar a rua de forma conjunta nas vias de grande movimento?

   b) A que "segunda transposição" o texto se refere?

   c) Que procedimentos devem ser refeitos pelo pedestre?

4. Copie no caderno a alternativa que explica corretamente a finalidade do guia.

   a) A função do guia é mostrar as consequências e punições para o pedestre que não se comporta no trânsito.

   b) O objetivo dessa publicação é educar e orientar os pedestres e motoristas para que haja um trânsito seguro.

   c) O guia apresenta direitos e deveres dos motoristas e pedestres no trânsito.

   d) O guia lista os deveres do pedestre e como ele deve respeitar o fluxo de veículos.

5. Leia estes artigos do Código de Trânsito Brasileiro.

CAPÍTULO IV
DOS PEDESTRES E CONDUTORES DE VEÍCULOS NÃO MOTORIZADOS

Art. 68. É assegurada ao pedestre a utilização dos passeios ou passagens apropriadas das vias urbanas e dos acostamentos das vias rurais para circulação, podendo a autoridade competente permitir a utilização de parte da calçada para outros fins, desde que não seja prejudicial ao fluxo de pedestres.
[...]
Art. 69. Para cruzar a pista de rolamento o pedestre tomará precauções de segurança, levando em conta, principalmente, a visibilidade, a distância e a velocidade dos veículos, utilizando sempre as faixas ou passagens a ele destinadas sempre que estas existirem numa distância de até cinquenta metros dele [...]
Art. 70. Os pedestres que estiverem atravessando a via sobre as faixas delimitadas para esse fim terão prioridade de passagem, exceto nos locais com sinalização semafórica, onde deverão ser respeitadas as disposições deste Código.
Parágrafo único. Nos locais em que houver sinalização semafórica de controle de passagem será dada preferência aos pedestres que não tenham concluído a travessia, mesmo em caso de mudança do semáforo liberando a passagem dos veículos.
[...]

Presidência da República – Planalto. Disponível em: <www.planalto.gov.br/ccivil_03/Leis/l9503.htm>. Acesso em: 21 jul. 2018.

a) Qual desses artigos do Código de Trânsito Brasileiro aborda ações de responsabilidade exclusiva do pedestre? Explique.

b) Quais desses artigos serviram de base para o guia? Explique.

6. Um dos artigos mencionados não foi utilizado no guia. Com base nele, escreva, com um colega, uma instrução que poderia fazer parte de um guia para pedestres.

a) Que mudanças vocês tiveram que fazer para escrever essa instrução?

b) Leia e compare sua instrução com a de outras duplas. Qual ficou mais parecida com o guia apresentado? Por quê?

Linguagem

1. Você leu o *Guia do pedestre consciente*. Leia este verbete e copie no caderno o sentido mais adequado. Qual é o sentido do termo **guia** nesse contexto?

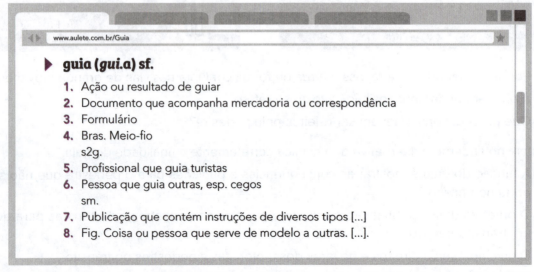

Aulete Digital. Disponível em: <www.aulete.com.br/Guia>. Acesso em: 29 jun. 2018.

2. Releia este trecho e explique o significado das palavras destacadas.

> 2 - A forma mais segura de atravessar uma via semaforizada é usando o semáforo de pedestres. Este será acionado quando o pedestre apertar a botoeira. Lembre-se, o semáforo funciona com uma programação. Quando acionada a botoeira, a informação de que há um pedestre desejando atravessar a via é enviada e encaixada no ciclo de funcionamento. Em locais com fluxo muito intenso, é comum que o tempo de espera seja maior.

EPTRAN/Secretaria de Segurança Pública/Prefeitura de Joinville (SC)

3. Como você já viu na unidade 6, nas várias regiões do Brasil são utilizadas palavras diferentes para nomear os mesmos objetos.

a) Em sua região, que palavras são utilizadas para nomear **semáforo** e **botoeira**?

b) Há alguma outra palavra citada no guia que é empregada de forma diferente na sua região? Qual?

4. Reveja mais estas partes do guia e observe a forma verbal que inicia cada trecho.

a) O que indicam essas formas verbais? Pedido, ordem, orientação ou obrigação?

b) Justifique sua resposta considerando a finalidade da publicação.

5. Como é a linguagem utilizada no guia? Copie a alternativa correta no caderno.

a) Próxima da formal, mas de fácil compreensão pela população em geral.

b) Formal e técnica, dirigida a pessoas com conhecimento jurídico.

c) Informal, com uso de gírias e linguagem mais coloquial.

 O QUE APRENDEMOS COM O ESTUDO DE ESTATUTO, CÓDIGO E GUIA

- Estatuto e código, no âmbito jurídico, caracterizam-se por conter um conjunto de normas e regulamentos que podem ter força de lei.
- Esses textos podem ser divididos em artigos, parágrafos, incisos e alíneas.
- A linguagem utilizada é a adequada à norma-padrão.
- Esses documentos podem ser adaptados para diferentes públicos, com o uso de linguagem verbal escrita e linguagem visual.
- Os verbos utilizados nesses gêneros podem indicar obrigação e ordem.
- Algumas publicações, como guias e cartilhas, apresentam trechos de estatutos e códigos adaptados ao público a que se destinam.
- Nos guias e cartilhas, os verbos podem indicar também orientação.

ENTRELAÇANDO LINGUAGENS

Você sabe o que é uma petição? A palavra **petição** é da mesma família do verbo **pedir**. É um tipo de pedido por escrito.

Em época de internet, existem *sites* em que qualquer cidadão pode fazer uma petição *on-line*, que é um tipo de abaixo-assinado digital.

Outros cidadãos que se identifiquem com a petição podem assiná-la. Conheça um desses pedidos, feito por um grupo de pais no *site* Change.org.

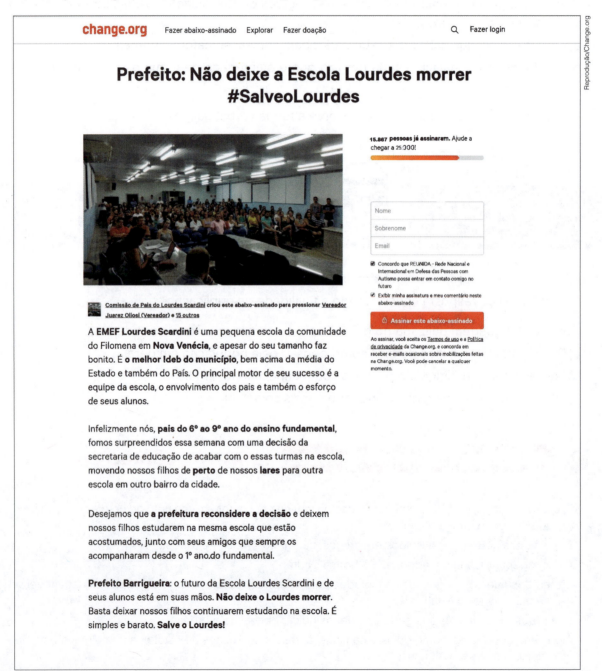

Change.org. Disponível em: <www.change.org/p/assine-para-salvar-nossa-escola-se-ela-fechar-centenas-de-alunos-ficar %C3%A3o-sem-aula>. Acesso em: 21 jul. 2018.

1. Quem assina essa petição *on-line*?

2. Qual é o pedido feito na petição?

3. A quem o pedido é feito?

4. Por que, em sua opinião, esse pedido foi feito a essas pessoas?

5. A que outras pessoas esse pedido também poderia ser feito?

6. Releia os três primeiros parágrafos da petição. Que argumentos são utilizados para embasá-la?

7. No lado superior, à direita, é apresentado o número de pessoas que assinaram a petição ou abaixo-assinado.

   a) Quantas pessoas assinaram essa petição?

   b) Quantas assinaturas eles esperavam conseguir?

8. No Capítulo 1, lemos alguns artigos do ECA.

   a) Qual dos direitos previstos nesses artigos estão sendo reivindicados por esses pais?

   b) Além dos pais, quem mais poderia fazer essa reivindicação?

9. Se você pudesse, assinaria esse abaixo-assinado? Por quê?

10. Imagine que você fosse fazer uma petição *on-line*.

    a) Qual seria sua reivindicação?

    b) Que argumentos você utilizaria para defendê-la?

    c) A quem você pediria para apoiar essa reivindicação? Por quê?

11. Será que os colegas pensam como você? Converse com eles.

! CURIOSO É...

Como funcionam as petições *on-line*?

A Constituição Federal garante a todo cidadão brasileiro o direito de criar uma petição e colher assinaturas em prol de uma causa. Com o aumento do número de pessoas com acesso à internet, o número de petições *on-line* também cresceu nos últimos anos. Mas qual é o efeito das petições *on-line*? Será que elas funcionam?

Para que uma petição seja bem-sucedida, é preciso encaminhá-la aos responsáveis para que tomem as medidas necessárias. Mas, ainda que ela receba muitas assinaturas, não há como garantir que a causa será atendida, pois uma petição não tem efeito de lei. Contudo, funciona como uma manifestação popular que pode pressionar as autoridades a impulsionar mudanças.

Um caso de sucesso foi o da petição que pedia o fim dos fogos de artifício com ruído na cidade de São Paulo. Foram colhidas cerca de 73 mil assinaturas. Várias pessoas participaram de audiências públicas na Câmara, mandaram *e-mails* aos vereadores e divulgaram a causa nas redes sociais.

Há outras formas de manifestar-se e reivindicar direitos por meio da internet. Nos *sites* de órgãos públicos, como secretarias, prefeituras e ministérios, há espaços dedicados a receber mensagens, reclamações e denúncias. É possível também escrever um *e-mail* diretamente para nossos representantes, como vereadores e deputados.

ESTUDO DA LÍNGUA

Frase, oração e período

1. Em situações cotidianas, encontramos placas de sinalização e orientação. Leia as placas a seguir.

I

Léo Burgos

II

Bruna Ishihara

III
MOTOCICLISTA USE SEMPRE O CAPACETE
Bruna Ishihara

IV

Bruna Ishihara

a) Em que lugares essas placas podem ser encontradas?
b) Qual é a finalidade de cada placa?
c) Em todas as placas há um grupo de palavras que têm sentido completo. Em quais desses grupos de palavras existe um verbo? Identifique-os.
d) Que ideia esses verbos expressam: pedido, obrigação ou orientação?

Nas placas, o leitor encontra um conjunto de palavras organizadas segundo a gramática da língua portuguesa. Esse grupo de palavras tem um sentido completo e pode ser entendido de acordo com a situação comunicativa.

A sequência de palavras com sentido completo, geralmente marcada na escrita pelos sinais de pontuação e na fala pela entoação, recebe o nome de **frase**.

Quando a frase apresenta um verbo ou uma locução verbal, recebe o nome de **oração**. Exemplo: Tenha cuidado com o cão feroz!

As orações organizam-se em **períodos**, que são unidades completas de sentido. Os períodos podem ser simples ou compostos.

- **Período simples:** constituído por uma oração. Exemplo: Alê **gosta** de biscoito recheado.
- **Período composto:** constituído por mais de uma oração. Exemplo: O menino **viu** a amiga **e ofereceu** a ela um biscoito recheado.

ATIVIDADES

1. Leia a tirinha a seguir.

Laerte. Disponível em: <http://manualdominotauro.blogspot.com.br/search/label/Lola?updated-max=2013-09-07T17:27:00-07:00&max-results=20&start=20&by-date=false>. Acesso em: 29 jun. 2018.

a) Os pássaros encontram placas no caminho. Qual é a finalidade dessas placas?

b) Observe que cada placa da tirinha ganha um novo termo e, com isso, um novo sentido. O que faz com que os pássaros continuem a seguir as placas?

c) A atitude dos pássaros se modifica ao ler a última placa. Por que isso ocorre?

d) Que palavra da primeira placa já dava uma pista sobre o lugar para onde os pássaros estavam indo?

e) Que pista era essa?

f) As frases das placas indicam uma pergunta, uma exclamação, uma afirmação ou uma advertência?

g) As placas são formadas por frases sem verbo. Como a frase do último quadrinho poderia ser reescrita com o acréscimo de um verbo?

2. Releia um trecho do *Guia do pedestre consciente*.

a) Por que é sugerido o uso desse tipo de roupa para o pedestre?

b) Quais são os verbos do primeiro período? Quantas orações formam esse período?

199

3. Leia o texto a seguir, que foi publicado em uma cartilha dirigida a adolescentes.

Dicas para manter-se seguro

- **Nunca divulgue senhas, nome completo, endereços, números de telefone ou fotos íntimas.**
- Você distribui qualquer foto sua no mural da escola, no ônibus ou na praia? Por que então divulgar na internet? Pense bem antes de publicar algo. Uma vez na rede, é quase impossível controlar o uso.
- Comunique-se com educação. Respeito deve valer em qualquer espaço e com qualquer pessoa, mesmo com aquelas que não conhecemos.
- **Evite gravar senhas e *login* no computador para não facilitar roubos.**
- Cuidado ao baixar arquivos, eles podem conter vírus, materiais impróprios ou ser ilegais. Antivírus e filtros podem ajudar a proteger.

Saferdic@s: Brincar, estudar e... Navegar com segurança na internet. 5. ed. Salvador: SaferNet Brasil, 2013. p. 5. Disponível em: <www.safernet.org.br/site/prevencao/cartilha/safer-dicas/internet>. Acesso em: 16 jun. 2018.

a) A que tipo de segurança o texto se refere?
b) Qual é a finalidade do texto?
c) Releia os dois trechos destacados no texto. Eles são formados por períodos simples ou compostos? Como você identificou essa classificação?
d) Releia as orações.

> **Pense** bem antes de publicar algo.
> **Comunique-se** com educação.

- Que sentido os verbos destacados expressam?

e) Qual é a importância de dicas como essas para os adolescentes?

Em dupla

f) Junte-se a um colega e conversem sobre os cuidados que tomam para navegar na internet com segurança. Depois, elaborem novas dicas sobre o tema para serem distribuídas aos colegas de outras turmas da escola. Vocês podem usar períodos simples ou compostos para escrevê-las.

- Finalizadas as dicas, planejem o melhor meio de divulgá-las: folhetos, cartões digitais, cartazes nos murais da escola etc.

Estatuto

Para começar

Organizados em grupos, vocês vão elaborar um estatuto de boa convivência nos espaços públicos da escola. Cada grupo deverá produzir um ou dois artigos para esse estatuto. Depois, o documento poderá ser transformado em um guia ilustrado em papel e/ou virtual.

Planejar

1. A turma deverá discutir o que é necessário para uma boa convivência nos espaços públicos da escola. Por exemplo: Como deve ser o convívio na biblioteca? Como dividir ou fazer rodízio da quadra?
2. Em seguida, definam, por meio de sorteio ou outra forma, os temas dos artigos que cada grupo redigirá.
3. Um dos grupos deverá redigir as Disposições Preliminares – que podem ter outro título, por exemplo, Introdução. O importante é que seja um resumo com todos os itens que serão desenvolvidos no estatuto.
4. Combinem como será o formato da publicação: Um guia ilustrado com desenhos ou fotos, um folheto para distribuição? O estatuto será dividido em cartazes para serem afixados na escola? Será publicado no *site* ou rede social da escola?

Desenvolver

1. Para escrever o texto, lembrem-se de que a linguagem a ser utilizada tem de ser a mais próxima possível do público-alvo. No entanto, também precisa estar adequada à norma-padrão. O texto deve ainda ser desenvolvido no formato de leis e estatutos.
2. Use verbos que demonstrem a obrigação de cumprir o estatuto.
3. Vocês podem fazer a divisão do estatuto considerando a hierarquia de suas partes: título geral, disposições preliminares (introdução), número e título do capítulo, artigos, parágrafos, incisos.
4. Lembrem-se de que os parágrafos e incisos esclarecem informações dos artigos.
5. Entreguem o texto ao professor para revisão, já que é apenas a primeira versão.

Rever

1. Reescrevam o texto de acordo com as orientações do professor.
2. Se possível, digitem o texto depois de fazerem uma revisão.
3. Montem a publicação da forma que decidiram no planejamento: unificada em um só documento, dividida em cartazes, como um guia ilustrado etc.

Compartilhar

1. Façam a divulgação e distribuição do estatuto como combinado inicialmente: nos murais da escola, entregando-o como folheto individualmente aos colegas ou publicando-o no *site* ou rede social da escola.

DICAS

ACESSE

Plenarinho: <https://plenarinho.leg.br>. *Site* da Câmara dos Deputados dedicado a crianças e pré-adolescentes (7 a 14 anos), pais e professores. Além de informar sobre o Poder Legislativo, o *site* aborda temas relacionados ao cotidiano infantil, como saúde, meio ambiente, educação e lazer. É possível acessar vídeos e animações sobre esses temas e solicitar a *Revista do Plenarinho*, que tem histórias em quadrinhos e passatempos. Acesso em: 21 set. 2018.

Akatu: <www.akatu.org.br>. O Instituto Akatu é uma organização não governamental sem fins lucrativos que trabalha pela conscientização e mobilização da sociedade para o consumo consciente. Com vídeos e animações voltados a crianças e pré-adolescentes, o *site* colabora para a formação do consumidor responsável. Acesso em: 21 set. 2018.

Unesco Brasil – Objetivos de desenvolvimento sustentável para crianças: <www.unesco.org/new/pt/brasilia/about-this-office/single-view/news/sustainable_development_goals_for_children>. Nesta página da Unesco, é possível acessar vídeos sobre direitos humanos e sustentabilidade. Acesso em: 21 set. 2018.

ESCRITA EM FOCO

Acentuação: paroxítonas

Vamos rever algumas regras de acentuação? Você se lembra de qual sílaba é pronunciada com mais intensidade nas palavras paroxítonas?

1. Leia as palavras a seguir.

> abelha – álbum – café – borboleta – máximo – cavalo
> fóssil – glória – hífen – lábia – lápis – minhoca – níquel
> onça – ônix – revólver – tapioca – táxi – bíceps

a) Quais palavras do quadro não são paroxítonas? Como elas podem ser classificadas de acordo com a sílaba tônica?

b) Agrupe as palavras paroxítonas acentuadas do quadro de acordo com as regras de acentuação.
- terminadas em **-l, -n, -r, -x** e **-ps**
- terminadas em **-ã(s), -ão(s), -i(s), -um, -uns** ou **-us**
- terminadas em ditongos

Veja no quadro abaixo em que casos devemos acentuar as palavras paroxítonas.

Palavras terminadas em	Exemplos
-l, -n, -r, -x	fácil, pólen, cadáver, tórax
-i, -is, -us	júri, lápis, vírus
-ã(s), -ão(s)	órfã, órfãs, órfão, órfãos
-um, -uns, -ps	álbum, álbuns, bíceps
ditongo	jóquei, túneis

ATIVIDADES

1. Leia parte de uma resenha sobre um livro infantil.

Otávio Júnior. Livro infantil mostra favela mágica, com desenhos que parecem 3D. *Folha de S.Paulo*, 7 mar. 2015. Disponível em: <www1.folha.uol.com.br/folhinha/2015/03/1598646-obra-favela-retrata-comunidade-magica-cheia-de-poesia-diz-escritor.shtml>. Acesso em: 29 jun. 2018.

a) Com que finalidade um leitor lê a resenha de um livro?
b) Qual é a opinião do autor da resenha sobre o livro?
c) Que elementos do texto comprovam a opinião do autor da resenha?

2. Observe as palavras destacadas no texto.

a) Quais delas são paroxítonas?
b) Entre as paroxítonas destacadas no texto, algumas são acentuadas. Qual regra de acentuação justifica o acento gráfico nessas palavras?

3. Leia a tirinha e responda.

Jean Galvão.

a) O personagem está escrevendo um diário durante as férias. Diário é um registro de experiências pessoais que pode ser lido em outro momento. O diário feito pelo personagem cumpre esse papel? Por quê?
b) Observe as palavras paroxítonas acentuadas da tirinha. Explique por que elas são acentuadas.

203

Crianças preparadas para assistir a um filme em 3-D.

UNIDADE 8
Como escolher livros, filmes...

NESTA UNIDADE
VOCÊ VAI:

- estudar resenhas de livros e filmes;
- aprender períodos compostos por coordenação;
- escrever uma resenha de animação, filme ou livro e, com os colegas, desenvolver um *blog* com as resenhas da turma;
- reconhecer os diferentes sentidos da pontuação na escrita.

↑ Crianças em atividade em biblioteca.

1. Vários livros e filmes são lançados todos os anos. Você costuma ir ao cinema ou ler livros?
2. Qual foi o último livro que você leu ou filme a que assistiu?
3. Você acha importante ouvir a opinião de outras pessoas sobre livros e filmes? Por quê?
4. Com quem você conversa sobre filmes ou livros?
5. Que filme ou livro você indicaria a um amigo hoje? Por quê?

CAPÍTULO 1

Neste capítulo, você vai ler uma resenha do livro de Malala Yousafzai publicada em um *blog*. Também vai ler uma resenha de uma animação. Na seção **Estudo da língua**, aprenderá o que são períodos compostos por coordenação.

ANTES DE LER

Você sabia que há pessoas que se especializam em jornalismo cultural e publicam resenhas em jornais, portais de notícias e revistas? Sabia também que existem canais de vídeo em que, além de jornalistas, pessoas comuns, inclusive adolescentes – como você –, compartilham suas escolhas culturais?

Veja algumas imagens de jornais, *blogs* e *vlogs* dedicados à cultura.

1. Você já consultou algum *site* cultural?
2. Leu alguma resenha em jornais e revistas?
3. Já acessou algum dos *vlogs* ou *blogs* apresentados?
4. Que tal acessá-los e dar uma espiada no que as pessoas têm a dizer nessas publicações?
5. Nos capítulos 1 e 2, você lerá resenhas – uma de livro e outra de filme. Você se lembra do que é uma resenha? Quais são as características desse gênero textual?

 **LEITURA**

A seguir, você lerá uma resenha do livro *Malala e seu lápis mágico*. Essa resenha foi publicada num *blog* chamado Era outra vez, do jornal *Folha de S.Paulo*.

1. Leia o título da resenha. Pela leitura dele, é possível ter ideia da opinião do autor sobre o livro? Se sim, qual é?

2. Leia o texto e veja se suas hipóteses se confirmam.

Malala transforma violência em delicadeza no seu primeiro livro infantil

12 abr. 2018 às 14h27

Fonte: Malala Yousafzai. *Malala e seu lápis mágico*. Tradução: Lígia Azevedo. Ilustrações: Kerascoët. São Paulo: Companhia das Letras, 2018. p. 7.

Bruno Molinero

Nove de outubro de 2012. Um ônibus que levava estudantes em Swat, no Paquistão, é parado por homens do Taleban. Um deles entra armado no veículo cheio de crianças e adolescentes e pergunta por seu alvo, uma garota de 15 anos que desafiava o conservadorismo da organização e lutava pelo direito de meninas frequentarem a escola: Malala Yousafzai, que levou um tiro na cabeça.

Retirada do país, a jovem ativista não apenas sobreviveu ao atentado, como também teve sua voz amplificada a ponto de receber o prêmio Nobel da Paz em 2014.

É essa história que ganha contornos infantis no livro "**Malala e Seu Lápis Mágico**", narrativa autobiográfica escrita pela própria jovem e transformada em sua obra de estreia para esse público.

Como uma escritora experiente, Malala supera de maneira inteligente e elegante outro imenso desafio no livro – menos árduo, é claro, do que a luta pela sobrevivência, mas muito trabalhoso do ponto de vista literário.

Ela escreve sua história sem um ar excessivamente moralista, sem errar no tom de superação, sem transformar a mensagem de empoderamento em caricatura nem chocar o leitor ainda em formação. Ao contrário: das linhas escorre sobretudo respeito, tanto à formação quanto à inteligência da criança ou do jovem que está lendo.

Para isso, ela usa como ponto de partida a figura do lápis mágico do título. Malala narra como sempre sonhou em ter essa ferramenta fantástica quando era criança, com a qual poderia acabar com a guerra, criar uma bola de futebol para seus irmãos, fazer prédios e vestidos lindos. Em suma, desenhar um mundo melhor.

A primeira quebra de estrutura e de expectativa é que esse lápis nunca aparece. E ela descobre, então, que precisará mudar a realidade sozinha, sem ajudas.

É aí que ela passa a se dedicar ainda mais à escola e percebe que meninas estavam sendo forçadas a abandonar as salas de aula porque homens poderosos e perigosos decidiram que garotas estavam proibidas de frequentar o colégio – o que a fez denunciar para o mundo todo o que ocorria naquela região do Paquistão.

"Minha voz se tornou tão potente que aqueles homens perigosos tentaram me silenciar. Mas eles não conseguiram", escreve a autora, de maneira sutil. Adultos logo entenderão a violência a que ela se refere. Já crianças terão contato com os acontecimentos de maneira sutil, cabendo aos pais e mediadores munir os mais curiosos e questionadores com informações factuais.

O tom da narrativa é acompanhado pelas ilustrações. Na cena em que Malala fala sobre os que tentaram silenciá-la, por exemplo, ela aparece num quarto escuro, de costas, vestindo um avental de hospital. Feitos por Kerascoët, pseudônimo da dupla francesa Sébastien Cosset e Marie Pommepuy, os desenhos ajudam a deixar pontas soltas que, se puxadas, levam ao interior de uma história cheia de verdades duras, mas contadas de uma maneira delicada e acessível.

E que continua sendo escrita. No último mês, a jovem, que tem agora 20 anos e estuda em Oxford, no Reino Unido, retornou ao Paquistão e à sua cidade natal pela primeira vez desde o atentado. "Meu sonho se tornou realidade", disse. Sem qualquer lápis mágico.

[...]

Fonte: Malala Yousafzai. *Malala e seu lápis mágico*. Tradução: Lígia Azevedo. Ilustrações: Kerascoët. São Paulo: Companhia das Letras, 2018. p. 5.

Bruno Molinero. *Folha de S.Paulo,* 12 abr. 2018. *Blog* Era outra vez. Disponível em: <http://eraoutravez.blogfolha.uol.com.br/2018/04/12/malala-transforma-violencia-em-delicadeza-no-seu-primeiro-livro-infantil/>. Acesso em: 23 jul. 2018.

> **Bruno Molinero** é formado em Jornalismo pela Universidade de São Paulo (USP) e estudou também na Escuela Internacional de Cine y Televisión, em Cuba. É autor de *Alarido* (Editora Patuá) e integra o grupo de poetas autores do livro *É agora como nunca: antologia incompleta da poesia contemporânea brasileira* (Companhia das Letras). Atualmente, escreve sobre literatura infantojuvenil para crianças em um *blog*.

Apreciação

1. A sua ideia sobre a opinião do autor se concretizou? Explique.

2. O que você sentiu ao conhecer um pouquinho da jovem Malala?

3. Ao ler o texto, você ficou curioso para ler o livro? Por quê?

4. Qual é sua opinião sobre as ilustrações?

Interpretação

1. Leia o quadro sobre o autor da resenha e responda: Por que Bruno Molinero está qualificado para escrevê-la?

2. O título do *blog* é Era outra vez.
  a) A que expressão esse título remete?
  b) Em que gêneros textuais essa expressão costuma ser utilizada? Dê um exemplo.
  c) Qual é a relação entre o título do *blog* e os textos nele publicados?

3. Esse *blog* pode interessar a que tipo de leitores?
  • Com que finalidade alguém leria esse texto?

4. A resenha tem 11 parágrafos. Releia o primeiro e o segundo. Depois, copie no caderno a alternativa correta sobre eles.
  a) O autor conta resumidamente como é o livro escrito pela jovem.
  b) O autor faz uma introdução resumindo a história que deu origem ao livro.
  c) O autor opina sobre o livro escrito por Malala.
  d) O autor explica quem é a autora e por que ela escreveu o livro.

5. No quarto parágrafo, o autor opina sobre o livro; no quinto, expõe um argumento para embasar essa opinião.
  a) Qual é a opinião do autor?
  b) Essa opinião é positiva ou negativa?
  c) Leia a definição de argumento.

> **Argumento**: raciocínio para provar uma afirmação ou demonstração.

  • Que argumento o autor da resenha usou para justificar a opinião?
  d) Copie no caderno a alternativa que completa a frase corretamente. A opinião do autor da resenha é:
   • direta (explícita), em 1ª pessoa, com verbos como **acho, penso, considero**.
   • indireta (implícita), em 3ª pessoa, sem o uso desses verbos.
   • indireta (implícita), em 3ª pessoa, com verbos como **acho, penso, considero**.

209

6. Do sétimo ao nono parágrafos, o autor fala sobre o conteúdo do livro.
   a) O que significa quebra de expectativa?
   b) A que quebra de expectativa o autor se refere no sétimo parágrafo?
   c) O que Malala coloca no lugar do lápis mágico?

7. Releia este trecho do livro de Malala transcrito no nono parágrafo.

"Minha voz se tornou tão potente que aqueles homens perigosos tentaram me silenciar. Mas eles não conseguiram", escreve a autora, de maneira sutil.

   a) Como os homens perigosos "tentaram silenciar" Malala?
   b) Por que, segundo o autor, Malala escreve de forma sutil?
   c) Qual é a função de pais e educadores para que crianças menores entendam o que Malala disse de forma sutil?
   d) Para o autor, essa forma de escrever é um ponto positivo ou negativo no livro de Malala? Por quê?

8. Segundo o autor, qual é o papel das ilustrações no livro?

9. Na resenha, o autor instiga a curiosidade do leitor para ler o livro? Por quê?

Linguagem

1. As aspas foram utilizadas no texto em duas ocasiões. Releia os trechos a seguir e copie no caderno as alternativas que explicam o uso das aspas nesses trechos.

   Trecho I

   "Minha voz se tornou tão potente que aqueles homens perigosos tentaram me silenciar. Mas eles não conseguiram", escreve a autora, de maneira sutil.

   Trecho II

   "Meu sonho se tornou realidade", disse.

   a) No trecho I, o autor transcreveu uma fala de Malala ao chegar ao Paquistão.
   b) Nos dois trechos, o autor enfatiza uma citação do livro de Malala.
   c) No trecho II, o autor transcreveu uma fala de Malala ao chegar ao Paquistão.
   d) No trecho I, o autor transcreveu um trecho do livro de Malala.

2. Releia esta outra parte.

> [...] os desenhos ajudam a deixar pontas soltas que, se **puxadas**, levam ao interior de uma história cheia de verdades duras, mas **contadas** de uma maneira delicada e acessível.
>
> E que continua sendo **escrita**.

a) As palavras destacadas no primeiro trecho referem-se a quê?
b) E no segundo trecho?
c) O que o fez perceber a relação entre as palavras?

3. Releia mais estes trechos e observe a expressão e as palavras destacadas.

> Malala narra como sempre sonhou em ter essa ferramenta fantástica quando era criança, com a qual poderia acabar com a guerra, criar uma bola de futebol para seus irmãos, fazer prédios e vestidos lindos. **Em suma**, desenhar um mundo melhor.
>
> [...] E ela descobre, **então**, que precisará mudar a realidade sozinha, sem ajudas.

a) Quais delas indicam conclusão?
b) Qual palavra ou expressão indica acréscimo?

O QUE APRENDEMOS COM O ESTUDO DE RESENHA

- Nas resenhas há trechos em que o autor faz uma breve descrição da obra de que trata.
- O autor da resenha expõe sua opinião de forma indireta, implícita, na 3ª pessoa.
- Na resenha há uma introdução, ou seja, uma apresentação do que será resenhado.
- O título da resenha pode antecipar a opinião do autor sobre a obra.

AQUI TEM MAIS

Paquistão

O Paquistão é um pequeno país que faz divisa com a Índia e o Afeganistão. Até 1947, fazia parte da Índia, como um estado que reunia politicamente todos os muçulmanos do país. Constituiu-se como país depois que a Índia tornou-se independente da Inglaterra.

↑ Monumento em Islamabad, capital do Paquistão, 2018.

O nome Paquistão surgiu em 1933, quando a Índia criou o estado, e vem da palavra *pak* ("ritualmente puro"). Ao mesmo tempo, tem algumas letras do nome dos principais povos que o compõem: punjabs, afegãos, kashmirs, sinds e povos do Beluquistão.

É um país que sofreu com várias guerras e disputas internas, a mais recente sob domínio do grupo extremista Talibã.

Orações coordenadas

1. Leia a resenha sobre um livro infantil.

HQ/LIVROS | CRÍTICA

HQs brasileiras | Pra Casa do Cabeça, Fifo, Pétalas e Klaus

A COZINHA
30.01.2016   03H57   ATUALIZADA EM 11.11.2016   07H05

Pétalas (Jupati Books), de **Gustavo Borges** (roteiro e desenho) e **Cris Peter** (cores) – 4 ovos

Por Érico Assis
[...]
Há quem diga que o quadrinho brasileiro está sendo dominado pelo "desenho fofo". **E** realmente, tem um estilo de ilustração mais infantil, mais colorido e delicado que aparece em muita HQ brasileira. O fofo, **porém**, não precisa ser insosso; e mesmo o infantil pode ser profundo. *Pétalas* é uma das provas. Numa história totalmente sem palavras, três amigos na floresta mostram que um ajudar o outro é a única forma de sobreviver (**ou** tentar) ao inverno gelado. É a primeira narrativa longa do autor Gustavo Borges, que mostra um domínio de traço e técnica narrativa que vale ler e reler.

Érico Assis. *Omelete*, 11 nov. 2016. Disponível em: <https://omelete.com.br/quadrinhos/critica/hqs-brasileiras-para-a-casa-do-cabeca-fifo-petalas-e-klaus>. Acesso em: 23 jul. 2018.

a) O tipo de ilustração infantil muito usado atualmente é visto na resenha como um aspecto positivo ou negativo? Justifique sua resposta.

b) Qual é a opinião do resenhista a respeito do livro?

c) Que argumentos ele usa para justificar sua opinião?

2. Leia os termos destacados no texto. Escreva, no caderno, que palavra exprime:

a) ideia de soma, adição;   b) ideia de alternância;   c) ideia de oposição.

3. Leia as orações a seguir.

> I. Gustavo escreveu sua primeira narrativa longa.
> II. O quadrinho brasileiro traz elementos fofos, tem ilustrações coloridas e delicadas.
> III. O autor da resenha gostou do livro e recomenda-o a seus leitores.
> IV. Os amigos ajudam-se ou não sobrevivem no inverno da floresta.

a) Classifique os períodos acima em simples ou composto. Quantas orações há em cada período?

b) Explique o critério que você usou para classificar os períodos acima.

Duas ou mais orações podem ser combinadas entre si, acrescentando novos sentidos, sem que se estabeleça uma dependência entre elas. Elas formam os períodos compostos por coordenação. Os períodos compostos formados por orações coordenadas podem ser ligados por vírgulas ou por conjunções.

Conjunções coordenativas

1. Leia a tirinha.

a) Por que a professora não aceitou a justificativa de Calvin?

b) Identifique os verbos presentes na fala de Calvin do segundo quadrinho.

c) Releia: "Eu tentei, mas a editora do livro não usou um bom fixador [...]". A palavra **mas** relaciona as orações do período. Que sentido ela expressa?

Os termos que ligam orações e estabelecem sentidos para elas são denominados conjunções. Conheça os diferentes tipos de conjunção coordenativa.

Classificação	Conjunções	Exemplo
Aditivas (ideia de soma, adição)	e; nem; não só... mas também	As letras caíram da página **e** ficaram espalhadas no chão.
Adversativas (ideia de oposição, contrária)	mas; porém; todavia; contudo; no entanto	Calvin tentou dar uma desculpa, **mas** a professora não acreditou.
Alternativas (ideia de alternância)	ou; ou... ou; ora..., ora; quer... quer	**Ou** Calvin faz a lição **ou** vai voltar para a sala do diretor.
Conclusivas (ideia de conclusão)	logo; portanto; por isso; pois (após o verbo)	Calvin não fez a lição, **por isso** foi mandado para a diretoria.
Explicativas (ideia de explicação, razão, motivo)	porque; que; pois (antes do verbo)	Calvin inventou uma desculpa **porque** não fez a lição.

213

ATIVIDADES

1. Leia a resenha de um filme infantil. Faltam algumas conjunções no texto.

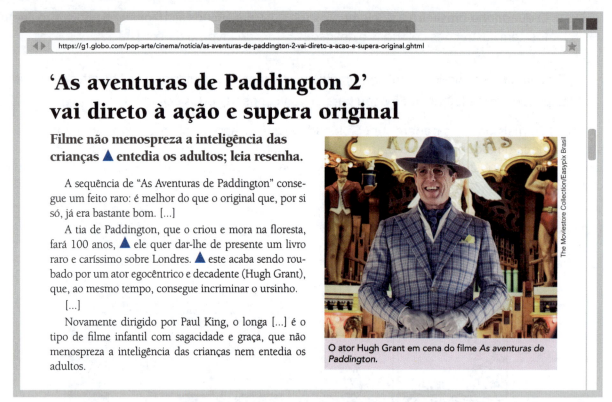

'As aventuras de Paddington 2' vai direto à ação e supera original

Filme não menospreza a inteligência das crianças ▲ entedia os adultos; leia resenha.

A sequência de "As Aventuras de Paddington" consegue um feito raro: é melhor do que o original que, por si só, já era bastante bom. [...]

A tia de Paddington, que o criou e mora na floresta, fará 100 anos, ▲ ele quer dar-lhe de presente um livro raro e caríssimo sobre Londres. ▲ este acaba sendo roubado por um ator egocêntrico e decadente (Hugh Grant), que, ao mesmo tempo, consegue incriminar o ursinho.

[...]

Novamente dirigido por Paul King, o longa [...] é o tipo de filme infantil com sagacidade e graça, que não menospreza a inteligência das crianças nem entedia os adultos.

O ator Hugh Grant em cena do filme *As aventuras de Paddington*.

G1, 31 jan. 2018. Disponível em: <https://g1.globo.com/pop-arte/cinema/noticia/as-aventuras-de-paddington-2-vai-direto-a-acao-e-supera-original.ghtml>. Acesso em: 23 jul. 2018.

a) Complete as lacunas com três das conjunções do quadro, de acordo com o sentido do texto.

| nem | contudo | e | mas |

b) Que sentidos cada uma das conjunções do quadro acrescenta ao texto: adição, oposição, alternância, conclusão ou explicação?

c) Qual é a opinião do resenhista sobre o filme?

d) Por que ele considera essa animação um feito raro?

e) Que argumentos ele usou para defender essa opinião?

2. Forme períodos compostos acrescentando conjunções. Depois, explique as relações de sentido estabelecidas entre as orações.

a) O filme é adequado para as crianças.
   O filme agrada aos adultos.

b) O urso comprou o livro.
   O urso não conseguiu entregar o livro à tia.

c) O urso não entregou o livro à tia.
   O livro foi roubado.

d) O livro foi roubado.
   Não houve presente de aniversário para a tia.

214

CAPÍTULO 2

Neste capítulo, você vai estudar a resenha de filmes. Vai também escrever uma resenha de animação ou de um filme a que assistiu. Depois, com os colegas, produzirá um *blog* com as resenhas elaboradas. Na seção **Escrita em foco**, você vai reconhecer os diferentes sentidos da pontuação na escrita.

LEITURA

No Capítulo 1, você conheceu a resenha de um livro. Agora, lerá a resenha de uma animação. Essa animação foi lançada em 2018. Trata-se de *Os Incríveis 2*, continuação de um sucesso de 2004.

1. Você assistiu a essa animação ou a *Os Incríveis*?

2. Gostou? Por que você gostou ou não gostou?

3. Leia o título. Será que o autor da resenha gostou do filme, considerando o título?

4. Com base no título da resenha, como você imagina que o texto vai se desenvolver? Confira se suas hipóteses vão se confirmar.

---

https://www1.folha.uol.com.br/ilustrada/2018/06/quando-e-para-fazer-rir-os-incriveis-2-deita-e-rola-por-causa-do-pequeno-zeze.shtml?utm_so

Quando é para fazer rir, 'Os Incríveis 2' deita e rola por causa do pequeno Zezé

Depois de 14 anos, a continuação do filme surge ainda mais direcionada aos adultos

26 jun. 2018 às 2h00
THALES DE MENEZES

OS INCRÍVEIS 2 (INCREDIBLES 2) ★★★★☆
Quando Estreia na quinta (28)
Classificação 10 anos
Produção EUA, 2018
Direção Brad Bird

Em 2004, "Os Incríveis" fez sucesso mundial. Era atraente para as crianças e também para adultos, em sua discussão sobre a percepção da decadência profissional dos veteranos, personificada no paizão, o Sr. Incrível. Depois de 14 anos, a continuação do filme surge ainda mais direcionada a espectadores grandinhos.

Quem tem filhos pequenos pode levá-los sem receio algum a uma sessão de "Os Incríveis 2". Há um bom punhado de cenas de lutas e perseguições que vão deixar a molecada ligada na tela. Mas pode ser difícil a tarefa de acompanhar uma trama que fala sobre inclusão social, crise econômica e da força da propaganda e das mídias sociais.

Pixar/Zuma Press/DIOMEDIA

215

Roberto Pera e Zezé em 'Os Incríveis 2'

Para quem não viu o filme original (quem?), vale explicar que os Incríveis são o pai megafortão Sr. Incrível, a mãe Mulher-Elástica, a adolescente Violeta (que pode ficar invisível e criar campos de força), o garoto superveloz Dash (que na versão dublada tem o nome Flecha) e o bebê Jack-Jack (no Brasil, Zezé), que dava pistas de ter superpoderes, até então adormecidos.

No segundo filme, a família está sem dinheiro, há leis que impedem os heróis de agir no combate ao crime e Violeta está enfrentando todos os problemas que a vida escolar pode proporcionar.

Então, um investidor milionário, Winston, procura os Incríveis oferecendo ótimo salário e um plano de marketing para que eles voltem à ativa. Com a ajuda da irmã Evelyn, uma bambambã da tecnologia, ele quer registrar as ações dos heróis e espalhar tudo pelo mundo virtual, para que todos vejam que eles são bacanas e necessários à sociedade.

O problema é que a estratégia é focada na Mulher-Elástica, que teria maior apelo junto ao público. Ela parte sozinha para as missões, e um desolado e frustrado Sr. Incrível fica com a incumbência de cuidar da casa e dos filhos, o que acabará se revelando tão ou mais perigoso do que enfrentar supervilões.

Com esse mote, o filme é divertidíssimo, apesar da citada inadequação da evidente complexidade do roteiro aos pequenos espectadores. A trama segue as desconfianças da Mulher-Elástica a respeito da campanha que está protagonizando, um sucesso viral.

Mas, quando é para fazer rir, "Os Incríveis 2" deita e rola principalmente por causa do pequeno Jack-Jack. Ainda sem falar, ele engatinha, baba e a cada cinco minutos demonstra um poder diferente e destruidor. O bebê se revela o mais poderoso da família, e seus feitos incontroláveis têm consequências muito engraçadas.

O vendaval Jack-Jack, ajudado por uma edição de imagens frenética e um punhado de curiosos heróis coadjuvantes, é o bastante para deixar essa continuação um programa obrigatório. A versão com legendas vale a pena, porque a animação tem ótimas vozes, como Holly Hunter, Craig T. Nelson e Samuel L. Jackson.

Seria bom o terceiro filme não demorar outros 14 anos.

GLOSSÁRIO

Frenético: agitado.
Mote: tema, trama, enredo.

Thales de Menezes. *Folha de S.Paulo*, 26 jun. 2018. Disponível em: <www1.folha.uol.com.br/ilustrada/2018/06/quando-e-para-fazer-rir-os-incriveis-2-deita-e-rola-por-causa-do-pequeno-zeze.shtml?utm_source=folha>. Acesso em: 23 jul. 2018

Thales de Menezes é jornalista, especializado em música e cultura *pop*. Formado pela PUC de São Paulo, foi repórter, redator do *Primeira Página* e editor-assistente dos cadernos Ilustrada, Esporte e Folhateen do jornal *Folha de S.Paulo*.

ESTUDO DO TEXTO

Apreciação

1. O texto desenvolveu-se como você imaginou?

2. Ao ler o título, você formulou uma hipótese sobre o que o autor teria achado do filme. Sua hipótese se confirmou?

3. Se não assistiu à animação, assistiria com base nesse texto? Por quê?

Interpretação

1. A resenha foi publicada no *site* de um jornal, na seção de cultura.
   a) Quem são os possíveis leitores dessa resenha?
   b) O que, provavelmente, os leitores buscam num texto como esse?

2. Leia o quadro sobre o autor e responda: Por que Thales de Menezes é qualificado para escrever essa resenha?

3. Releia o título e o subtítulo da resenha.
   a) Qual é a opinião apresentada no subtítulo?
   b) Essa opinião é favorável à animação? Por quê?

4. Qual é a função do quadro logo abaixo do título e do nome do autor do texto?

5. No primeiro parágrafo, na introdução, o autor apresenta a ideia que vai defender na resenha. Qual é a ideia que o autor defende no texto?

6. No segundo parágrafo, o autor indica um ponto positivo e um aspecto negativo da animação para as crianças.
   a) Por que, para o autor, as crianças podem se divertir com a animação?
   b) O que pode ser difícil para as crianças?

7. Qual é o objetivo dos parágrafos de 3 a 6? Copie a alternativa correta no caderno.
   a) Apresentar a trama do primeiro filme e as mudanças dos personagens.
   b) Apresentar os personagens a quem não viu o primeiro filme e a trama da sequência.
   c) Apresentar os personagens e a trama dos dois filmes a quem não viu.

8. No sétimo parágrafo, o autor reforça a ideia inicial sobre a animação. Comprove essa afirmação com um trecho do parágrafo.

9. Nos dois últimos parágrafos, o autor dá sua opinião final, anunciada no título da resenha.
   a) Que opinião ele reforça no penúltimo parágrafo?
   b) Que aspectos positivos ele acrescenta no último parágrafo?

10. Como você interpreta a frase final da resenha?

217

Linguagem

1. Releia o segundo, o quinto e o oitavo parágrafos da resenha.

    a) Que palavras e expressões nesses trechos remetem à linguagem informal?

    b) Essa linguagem mostra-se adequada à resenha? Por quê?

2. Releia este outro trecho.

    > Para quem não viu o filme original (quem?), vale explicar que [...]

    - O que significa o pronome **quem** entre parênteses e seguido de ponto de interrogação?

3. Leia alguns significados da palavra **vendaval**.

    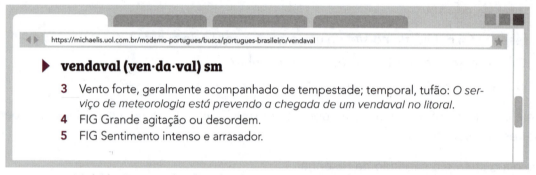

    Michaelis: Dicionário brasileiro da Língua Portuguesa. Disponível em: <https://michaelis.uol.com.br/moderno-portugues/busca/portugues-brasileiro/vendaval>. Acesso em: 23 jul. 2018.

    a) Algum dos sentidos acima aproxima-se do uso na expressão "O vendaval Jack-Jack"? Qual?

    b) Que sentido você atribui à palavra **vendaval** nesse contexto?

4. Releia estes trechos e observe as palavras destacadas.

    > [...] o filme é **divertidíssimo** [...].

    > [...] uma edição de imagens **frenética** e um punhado de **curiosos** heróis coadjuvantes, é o bastante para deixar essa continuação um programa **obrigatório**.

    - Qual é a função dessas palavras nesses trechos? Como se classificam essas palavras?

 O QUE APRENDEMOS COM O ESTUDO DE RESENHA

- O autor expressa sua opinião na resenha.
- Os adjetivos são utilizados para caracterizar a opinião do autor.
- Na resenha há uma introdução, ou seja, uma apresentação do que será resenhado, com uma ideia que será defendida.
- O autor da resenha é, geralmente, um jornalista especializado na área cultural.

ENTRELAÇANDO LINGUAGENS

Você leu uma resenha sobre a animação *Os Incríveis 2*. Agora, conheça uma sinopse dessa mesma animação.

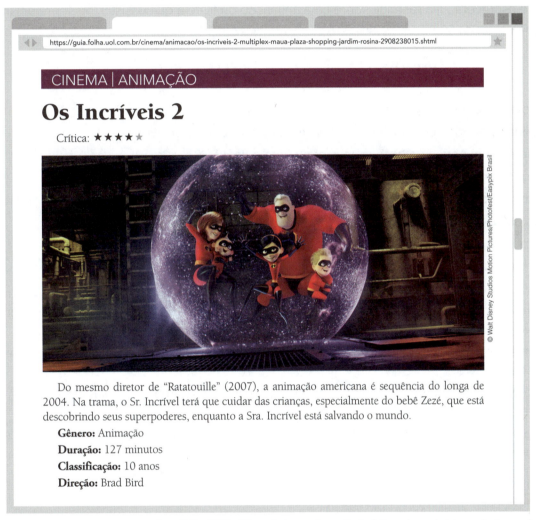

Guia Folha. UOL. Disponível em: <https://guia.folha.uol.com.br/cinema/animacao/os-incriveis-2-multiplex-maua-plaza-shopping-jardim-rosina-2908238015.shtml>. Acesso em: 2 jul. 2018.

1. O que indicam as estrelas ao lado da palavra "crítica"?

2. E acima do título, o que indicam as palavras "cinema" e "animação"?

3. Esse texto é uma sinopse e o texto anterior é uma resenha. No caderno, copie as alternativas corretas a respeito desses dois gêneros.

   a) O leitor da sinopse busca informações objetivas sobre um filme, por exemplo.
   b) A resenha apresenta a opinião do autor com argumentos sobre um filme, peça de teatro, livro etc.
   c) O leitor da resenha busca uma avaliação sobre o filme, livro ou outro produto cultural.
   d) A sinopse apresenta um resumo e informações pontuais sobre um filme, peça de teatro etc.
   e) Um texto é mais longo que o outro, e não há mais diferença entre eles.

Resenha

Você escreverá uma resenha sobre uma animação ou filme a que assistiu, ou sobre um livro que tenha lido. Depois, com os colegas, produzirá um *blog* com as resenhas.

Para começar

1. Escolha uma animação, um filme ou livro para resenhar.
2. Explique por que você gostou dessa animação, desse filme ou livro.
3. Descreva um pouco da história, mas não conte o final.
4. Do que você gostou em relação:
    - aos personagens (são engraçados, sérios, malvados, valentes, covardes, trapalhões etc.)?
    - ao assunto?
    - aos cenários e às músicas (no caso de filme ou animação)?
    - aos efeitos de computador (se houver)?
    - às ilustrações (no caso de livro)?
5. Escreva também sobre o que você não gostou. Não se esqueça de usar um argumento que comprove sua opinião.
6. O filme ou a animação baseia-se em algum livro? Qual? É um livro de sucesso? Se for o caso, pesquise esse livro.
7. Se o livro fizer parte de uma coleção da qual você já tenha lido outros volumes, explique isso na resenha.
8. Se o filme fizer parte de uma trilogia ou de uma saga, compare as produções para analisar qual delas é sua preferida e por quê.

Escrever

Agora é hora de escrever sua resenha!

1. Ao escrever o texto, tenha em mente quem será o leitor. Destaque elementos que possam despertar a curiosidade desse público.
2. Como você pretende iniciar o texto: Vai se dirigir aos leitores ou começará apresentando sua opinião ou um resumo?
3. Faça a resenha com base em suas reflexões anteriores.
4. Não se esqueça de que sua opinião deve ser justificada com argumentos.
5. Lembre-se de que sua opinião será indireta, na 3ª pessoa.
6. Dê um título à resenha, que pode – ou não – indicar sua opinião.
7. Faça uma revisão de acentuação gráfica e ortografia em seu texto.

Lembre-se também de usar palavras de ligação para estabelecer relações de sentido entre as partes do texto.

Rever

1. Troque seu texto com o de um colega. Leia o texto do colega e, no caderno dele, responda sim ou não às questões a seguir.

   - O texto chamou a atenção do leitor?
   - A resenha apresenta uma descrição do livro, do filme ou da animação?
   - A resenha destacou algum item da história, como personagens, cenários, músicas, efeitos de computador, ilustrações etc.? Quais?
   - O texto apresenta a opinião sobre o filme ou livro em 3ª pessoa?
   - O título da resenha é adequado?

2. A resenha foi escrita com palavras de ligação que relacionam os sentidos no texto?

↑ Alunos de escola estadual de Sumaré (SP) fazem trabalho em *notebook*, 2014.

3. As palavras estão escritas conforme as regras de acentuação gráfica e ortografia?
4. Que sugestão você daria ao colega sobre o texto?
5. Receba seu texto e faça alterações, se necessário.
6. Entregue o texto refeito ao professor para correção.
7. Reescreva seu texto, corrigido, na sala de informática.

Apresentar

O professor criará um *blog* na internet, desde que devidamente autorizado pelos pais, para que as resenhas da turma sejam publicadas. Para fazer a publicação, siga as instruções do professor.

1. Discuta com a turma para escolher o título do *blog*.
2. Divulguem o *blog* entre colegas da escola e amigos.

DICAS

📖 LEIA

A invenção de Hugo Cabret, de Brian Selznick (Edições SM). O livro consagrado pela crítica mundial mistura elementos do cinema e dos quadrinhos para contar uma história sobre os primórdios do cinema, a vontade de criar vida e a aventura da imaginação.

Monstros!, de Gustavo Duarte (Companhia das Letras). A história de criaturas gigantescas que invadem a cidade de Santos é contada em um livro sem texto escrito. É uma homenagem ao cinema de monstros japonês. O autor é um dos mais bem-sucedidos quadrinistas do Brasil.

↖ ACESSE

Adorocinema: <www.adorocinema.com/servicos/sobre-nos/>. *Site* de notícias sobre cinema; nele há um espaço especial para busca de filmes infantis, com sinopse, *trailer* e resenhas. Acesso em: 21 set. 2018.

Cinepop: <http://cinepop.com.br>. Dedicado também a notícias e resenhas de cinema. É possível acessar filmes e animações infantis. Acesso em: 21 set. 2018.

Pontuação: efeitos de sentido

1. Leia a tirinha.

a) Como Calvin reage à comida oferecida por sua mãe? Por quê?

b) Que palavra deu origem ao termo **vegetariano**?

c) Qual é o sentido de **vegetariano** na tirinha?

d) Calvin cria uma nova palavra para explicar seu gosto: **sobremesiano**. Explique o processo de formação dessa palavra e o sentido dela na tirinha.

e) No trecho "Vegetariana??", que sentido a pontuação acrescenta ao texto? Copie, no caderno, a alternativa correta.
- Interrogação.
- Ênfase.
- Afirmação.

O modo de falarmos, nossos gestos e entonação expressam sentidos de acordo com a situação de comunicação. Reconhecemos quando alguém nos dirige uma pergunta, quando alguém está indignado, admirado ou nervoso pelo tom da voz, pela entonação.

Na escrita, os sentidos que expressam as diferentes situações são representados pela pontuação: ponto final, ponto de exclamação, interrogação, reticências.

- **O ponto de interrogação** indica geralmente uma pergunta ou uma dúvida. Exemplo:
"O que é isso?".
- **O ponto de exclamação** pode indicar admiração, espanto, ênfase. Exemplo:
"Eu não sou vegetariano!".
- **As reticências** indicam hesitação, interrupção ou suspensão de um pensamento. Exemplo:
"Esse olhar desafiador não vai me influenciar...".

> A pontuação pode ser usada para enfatizar uma ideia, destacar uma dúvida, transmitir hesitação, dar ênfase etc.

ATIVIDADES

1. Leia um trecho de uma crônica de Thalita Rebouças. Nela há um diálogo em que a madrinha convida a afilhada a participar de um festival de gastronomia.

Thalita Rebouças. *Veja Rio*, 25 fev. 2017. Disponível em: <https://vejario.abril.com.br/blog/thalita-reboucas/festival-de-baixa-gastronomia/>. Acesso em: 23 jul. 2018.

a) Como a menina reagiu ao convite da madrinha?
b) Como a reação da menina está indicada no texto?
c) No trecho "Mas o que é festival?", o que a pontuação indica sobre a fala da menina?
d) No caderno, escreva a quais trechos destacados os sentidos expressos pelo uso das reticências se referem.
   - hesitação
   - suspensão de pensamento
e) O que o uso do ponto de exclamação revela sobre os sentimentos da personagem no trecho "Vamos!"?

2. Leia a tirinha.

a) A resposta de Maluquinho à pergunta do amigo produz o humor da tirinha. Por quê?
b) No caderno, copie da fala dos personagens as frases que expressam:
   - uma pergunta;
   - uma dúvida;
   - uma emoção.
c) O amigo ficou surpreso com a resposta de Maluquinho. O que ele poderia dizer para Maluquinho? Escreva uma frase que revele esse sentimento. Lembre-se de que a pontuação pode expressar diferentes sentidos.

223

Referências

ANTUNES, Irandé. *Aula de português*: encontros e interação. São Paulo: Parábola, 2004.

_____. *Lutar com as palavras*: coesão e coerência. São Paulo: Parábola, 2005.

BAGNO, Marcos. *Gramática pedagógica do português brasileiro*. São Paulo: Parábola, 2011.

_____. *Nada na língua é por acaso:* por uma pedagogia da variação linguística. São Paulo: Parábola, 2007.

_____. *Preconceito linguístico*: o que é, como se faz. São Paulo: Loyola, 2004.

BAKHTIN, Mikhail. *Estética da criação verbal*. São Paulo: Martins Fontes, 2000.

BECHARA, Evanildo. *Moderna gramática portuguesa*. 37. ed. Rio de Janeiro: Nova Fronteira, 2009.

BRANDÃO, Helena Nagamine (Org.). *Gêneros do discurso na escola*: mito, conto, cordel, discurso político, divulgação científica. São Paulo: Cortez, 2003.

CARVALHO, Nelly de. *Publicidade*: a linguagem de sedução. 3. ed. São Paulo: Ática, 2009.

CASTILHO, Ataliba T. de. *Nova gramática do português brasileiro*. São Paulo: Contexto, 2010.

CITELLI, Adilson (Org.). *Outras linguagens na escola*. 3. ed. São Paulo: Cortez, 2001.

DIONÍSIO, Angela P.; BEZERRA, Maria Auxiliadora; MACHADO, Ana Rachel (Org.). *Gêneros textuais e ensino*. Rio de Janeiro: Lucerna, 2007.

DOLZ, Joaquim; SCHNEUWLY, Bernard. *Gêneros orais e escritos na escola*. Tradução de Roxane Rojo e Glaís Cordeiro. Campinas: Mercado das Letras, 2004.

ILARI, Rodolfo. *Introdução ao estudo do léxico*: brincando com as palavras. São Paulo: Contexto, 2002.

KOCH, Ingedore G. Villaça. *Argumentação e linguagem*. 13. ed. São Paulo: Cortez, 2011.

_____. ELIAS, Vanda M. *Ler e escrever*: estratégias de produção textual. São Paulo: Contexto, 2009.

_____. *Ler e compreender*: os sentidos do texto. São Paulo: Contexto, 2006.

MARCUSCHI, Luiz Antônio. Gêneros textuais: definição e funcionalidade. In. DIONÍSIO, A. et al. *Gêneros textuais de ensino*. Rio de Janeiro: Lucerna, 2002.

_____. *Da fala para a escrita*: atividades de retextualização. 4. ed. São Paulo: Cortez, 2003.

_____. *Produção textual, análise de gêneros e compreensão*. São Paulo: Parábola, 2008.

_____; XAVIER, Antônio Carlos (Org.). *Hipertexto e gêneros digitais*: novas formas de construção do sentido. Rio de Janeiro: Lucerna, 2004.

NEVES, Maria Helena de Moura. *Gramática de usos do português*. São Paulo: Fundação Editora Unesp, 2000.

ROJO, Roxane H. R. *Escol@ conectada*: os multiletramentos e as TICs. São Paulo: Parábola, 2013.

_____; MOURA, E. (Org.). *Multiletramentos na escola*. São Paulo: Parábola, 2012.

TRAVAGLIA, Luiz Carlos. *Gramática e interação*: uma proposta para o ensino de gramática. 13. ed. São Paulo: Cortez, 2009.

ZAMBONI, Lilian Márcia Simões. *Cientistas, jornalistas e a divulgação científica*: subjetividade e heterogeneidade no discurso da divulgação científica. Campinas: Autores Associados, 2001.